絲綢之路與敦煌學
上冊

柴劍虹 著

總序

　　浙江，中國「自古繁華」的「東南形勝」之區，名聞遐邇的中國絲綢故鄉；敦煌，從漢武帝時張騫鑿空西域之後，便成為絲綢之路的「咽喉之地」，世界四大文明交融的「大都會」。自唐代始，浙江又因絲綢經海上運輸日本，成為海上絲路的起點之一。浙江與敦煌、浙江與絲綢之路因絲綢結緣，更由於近代一大批浙江學人對敦煌文化與絲綢之路的研究、傳播、弘揚而令學界矚目。

　　近代浙江，文化繁榮昌盛，學術底蘊深厚，在時代進步的大潮流中，湧現出眾多追求舊學新知、西學中用的「弄潮兒」。二十世紀初因敦煌莫高窟藏經洞文獻流散而興起的「敦煌學」，成為「世界學術之新潮流」；中國學者首先「預流」者，即是浙江的羅振玉與王國維。兩位國學大師「導夫先路」，幾代浙江學人（包括浙江籍及在浙工作生活者）奮隨其後，薪火相傳，從趙萬里、姜亮夫、夏鼐、張其昀、常書鴻等前輩大家，到王仲犖、潘絜茲、蔣禮鴻、王伯敏、常沙娜、樊錦詩、郭在貽、項楚、黃時鑒、施萍婷、齊陳駿、黃永武、朱雷等著名專家，再到徐文堪、柴劍虹、盧向前、吳麗娛、張涌泉、王勇、黃徵、劉進寶、趙豐、王惠民、許建平以及馮培紅、余欣、竇懷永等一批更年輕的研究者，既有共同的學術追求，也有各自的學術傳承與治學品格，在不同的分支學科園地辛勤耕耘，為國際「顯學」敦煌學的發展與絲

路文化的發揚光大作出了巨大貢獻。浙江的絲綢之路、敦煌學研究者，成為國際敦煌學與絲路文化研究領域舉世矚目的富有生命力的學術群體。這在近代中國的學術史上，也是一個值得關注的現象。

始創於一八九七年的浙江大學，不僅是浙江百年人文之淵藪，也是近代中國社會科學與自然科學英才輩出的名校。其百年一貫的求是精神，培育了一代又一代腳踏實地而又敢於創新的學者專家。即以上述研治敦煌學與絲路文化的浙江學人而言，不僅相當一部分人的學習、工作與浙江大學關係緊密，而且每每成為浙江大學和全國乃至國外其他高校、研究機構連結之紐帶、橋梁。如姜亮夫教授創辦的浙江大學古籍研究所（原杭州大學古籍研究所），一九八四年受教育部委託，即在全國率先舉辦敦煌學講習班，培養了一批敦煌學研究骨幹；本校三代學者對敦煌寫本語言文字的研究及敦煌文獻的分類整理，在全世界居於領先地位。浙江大學與敦煌研究院精誠合作，在運用當代信息技術為敦煌石窟藝術的鑑賞、保護、修復、研究及再創造上，不斷攻堅克難，取得了舉世矚目的成就，拓展了敦煌學的研究領域。在中國敦煌吐魯番學會原語言文學分會基礎上成立的浙江省敦煌學研究會，也已經成為與甘肅敦煌學學會、新疆吐魯番學會鼎足而立的重要學術平臺。由浙大學者參與主編，同浙江圖書館、浙江教育出版社合作編撰的《浙藏敦煌文獻》於二十一世紀伊始出版，則在國內散藏敦煌寫本的整理出版中起到了領跑與促進的作用。浙江學者倡導的中日韓「書籍之路」研究，大大豐富了海上絲路的文化內涵，也拓展了絲路文化研究的視野。位於西子湖畔的中國絲綢博物館，則因其獨特的

絲綢文物考析及工藝史、交流史等方面的研究優勢，並以它與國內外眾多高校及收藏、研究機構進行實質性合作取得的豐碩成果而享譽學界。

　　現在，中國正處於實施「一帶一路」偉大戰略的起步階段，加大研究、傳播絲綢之路、敦煌文化的力度是其中的應有之義。這對於今天的浙江學人和浙江大學而言，是在原有深厚的學術積累基礎上如何進一步傳承、發揚學術優勢的問題，也是以更開闊的胸懷與長遠的眼光承擔的系統工程，而決非「應景」、「趕時髦」之舉。近期，浙江大學創建「一帶一路」合作與發展協同創新中心，舉辦「絲路文明傳承與發展國際學術研討會」，都是在新的歷史條件下邁出的堅實步伐。現在，浙江大學組織出版這一套學術書系，正是為了珍惜與把握歷史機遇，更好地回顧浙江學人的絲綢之路、敦煌學研究歷程，奉獻資料，追本溯源，檢閱成果，總結經驗，推進交流，加強互鑑，認清歷史使命，展現燦爛前景。

浙江學者絲路敦煌學術書系編委會

2015 年 9 月 3 日

出版説明

　　本書系所選輯的論著寫作時間跨度較長，涉及學科範圍較廣，引述歷史典籍版本較複雜，作者行文風格各異，部分著作人亦已去世，依照尊重歷史、尊敬作者、遵循學術規範、倡導文化多元化的原則，經與浙江大學出版社協商，書系編委會對本書系的文字編輯加工處理特做以下説明：

　　一、因内容需要，書系中若干卷採用繁體字排印；簡體字各卷中某些引文為避免產生歧義或詮釋之必須，保留個别繁體字、異體字。

　　二、編輯在審讀加工中，只對原著中明確的訛誤錯漏做改動補正，對具有時代風貌、作者遣詞造句習慣等特徵的文句，一律不改，包括原有一些歷史地名、族名等稱呼，只要不存在原則性錯誤，一般不予改動。

　　三、對著作中引述的歷史典籍或他人著作原文，只要所注版本出處明確，核對無誤，原則上不比照其他版本做文字改動。原著沒有注明版本出處的，根據學術規範要求請作者或選編者盡量予以補注。

　　四、對著作中涉及的敦煌、吐魯番所出古寫本，一般均改用通行的規範簡體字或繁體字，如因論述需要，也適當保留了一些原寫本中的通假字、俗寫字、異體字、借字等。

　　五、對著作中涉及的書名、地名、敦煌吐魯番寫本編號、石窟名

稱與序次、研究機構名稱及人名，原則上要求全卷統一，因撰著年代不同或需要體現時代特色或學術變遷的，可括注說明；無法做到全卷統一的則要求做到全篇一致。

書系編委會

目次

上冊

我與絲路敦煌學

　　佛教典籍自流播之初，便有「因緣」（梵語 Hetupratyaya）之說，用以說明事物之間的相互關係，其中事物生成或壞滅的主要條件為「因」，為其輔助條件者稱「緣」。故云：凡事均有因緣。這恐怕與見於《史記》、《漢書》等早期史籍中強調機遇的「因緣」有很大的差異。

　　我從小生長在秀麗的杭州西子湖畔，與大漠孤煙、戈壁綠洲的絲路「咽喉」敦煌間隔萬里，究竟因何結緣，也是我長期以來不斷思考的一個問題。我曾經在十五年前出版的拙著《敦煌吐魯番學論稿》的「後記」中提及，但當時考慮很不成熟，僅寥寥數言。現在，趁編輯此書的機會，試圖再多講幾句，以求識者指正。

　　一九四九年九月，剛滿五週歲不久的我背著書包到離家很近（直線距離二百多米）的一所小學上學。學校就在當時已經不再開放的昭慶寺側門的一個院落內，這應該是杭州佛教界辦的一所小學，故老百姓均稱之為昭慶寺小學，其正式校名為「私立普化小學」——普化者，可以有「普度眾生」和「普及文化」的雙重含義。其實，按中國的傳統教育體制來分類，這應該是區別於公立（官辦）、民辦（私立）的一

所「寺學」學校。普化小學的源流沿革，我準備另行細究。因為我上小學時，父母親都在外地工作，我隨著信佛的祖母生活，送到附近的佛教小學讀書，就很自然了。我的印象中，校舍小而簡陋，學生也不很多，初小幾個年級的孩子常常合併擠在一個教室裡上課，稱為「複式班」。上、下課除了校工搖鈴外，還可以聽懸掛在教室旁的撞鐘聲。朗朗書聲伴著洪亮的梵鐘聲迴旋在寺院旁，也衝擊著幼小的心靈。也許就從那時起，此生開始與佛教及佛教文化結緣。學校老師不多，我印象最深的，是王蘊玉老師，因為我年齡小，個子小，趴在桌子上寫字有困難，常常是王老師坐在凳子上抱著我習字——我已無記憶，這是我三十多年後去看望她時得知的。當時的小學校長叫李家應，我模模糊糊只記得是一位短髮的中年婦女。在我保存的初小、高小的畢業證書上，都有她的簽名。最近我才知道，她原來是位「民國傳奇女子」：她是大名鼎鼎的畫家徐悲鴻先生摯愛的孫多慈女史的同窗密友，早年畢業於南京中央大學社會系，抗戰時期參加籌建戰時兒童保育會浙江分會，擔任第一保育院院長，勝利後獲國民政府頒發的抗戰勝利勛章。杭州解放後，她被派往浙江幹校學習，後在杭州佛教會任幹事，大約也同時兼任我們的小學校長。據說李校長一九五八年轉人杭州佛教協會下屬的一家工廠工作，一九六〇年因病去世，剛滿五十歲，也是英年早逝。普化小學之後的校長是誰，我不清楚。記得七〇年代後期我到北京廣濟寺拜訪巨贊法師，法師對我說：你們小學的校長後來到北京擔任《現代佛學》雜誌的編委，「文革」中受迫害而死。這是哪位校長我無從知曉。普化小學後來也搬遷至臨近的寶石山下，改名斷橋小學；昭慶寺則改建為杭州市少年宮。但我覺得自己與佛教小學的緣分始終存在。

我小學畢業後考到杭州一中（杭高）讀書。學校的前身是養正書

塾與浙江兩級師範學堂，這所在十九世紀末維新思潮背景中興辦、發展的新式學府，歷屆師生中文化名人、科學家、政治人物輩出，被稱為「浙江新文化運動的中心」，是「名家大師曾經駐足守望的驛站，仁人志士、文化名流啟航的港灣，科技菁英、中外院士成長的搖籃」。在我上學的六年中，給我印象最深的是數學家崔東伯老校長每次在全校大會上都要強調的「繼承發揚杭高的傳統」，感受最切的是一大批優秀教師深厚的中外文化修養與愛國情結，以及豐富多彩的校園文化活動。記得在一九五九年的六十週年校慶紀念會上，在觀賞洪雪飛學姐精彩演出的同時，我知道了李叔同曾經是學校的音樂、圖畫教師，戲劇演藝精湛，還培養了傑出的畫家豐子愷先生。李叔同後來出家入佛門，成為在佛教界影響深遠的律宗大師（弘一法師）。儘管那六年裡政治運動不斷，但杭高注重基礎知識教學與良好的人文環境使我終生受益。

　　一九六一年秋我進入北京師範大學中文系學習。當時師大的培養目標十分明確：合格的中學教師。學校名師匯聚，學術氛圍很好。著名歷史學家陳垣老校長的學問舉世矚目，無需說他對佛教與其他宗教的研究貢獻至巨，也無需說他主持編寫的《敦煌劫餘錄》在敦煌學史的地位無可撼動，更為重要的是在他扶助與教育下的啟功先生，後來成為我從事中國古代文學與敦煌學研究的恩師；教育家陶行知的學生程今吾到校任黨委書記後，還特別重視抓學生的寫作訓練，規定文、理科學生都必須寫作過關，一九六四年舉辦全校徵文比賽，我的散文習作《茶山青青》得了二等獎，成為一種鞭策。當時中文系裡黎錦熙、鐘敬文、劉盼遂、黃藥眠、李長之、陸宗達、俞敏、蕭璋等許多名教授都是我們的學術楷模，為我們年級授課的郭預衡、楊敏如、鄧魁英、辛志賢、譚得伶、陳子艾、童慶炳、程正民、韓兆琦、張之強、

劉錫慶等優秀中青年教師，也都重視學生的基本功訓練，強調教學相長與科研並舉，提倡創新精神，為我們的學業付出了許多心血。

大學畢業時，「文革」開始，我志願到新疆當教師。烏魯木齊任教十年，鍛鍊心志，專心育人，也成就了我的西域情結，並為日後從事敦煌吐魯番學的研究創造了條件。一九七八年考回母校讀研究生，一九八○年開始我準備唐代邊塞詩研究的學位論文，初涉敦煌吐魯番資料，得到啟功、鄧魁英先生的精心指導。一九八一年底啟功先生推薦我進中華書局做編輯，在文學編輯室擔任《敦煌遺書論文集》、《敦煌文學作品選》、《敦煌遺書總目索引》（修訂重印本）等書的責任編輯，後做《文史知識》編輯部的主任，籌辦了「敦煌學專號」。一九八二年參加敦煌文學座談會，第一次提交敦煌學專題論文，得到前輩鼓勵；一九八三年出席全國敦煌學學術討論會暨中國敦煌吐魯番學會成立大會，成為該會第一批會員，在季羨林、周紹良、寧可、程毅中等先生帶領下開展敦煌學研究，後來又長期協助會長、副會長負責學會秘書處的工作，在為學會成員服務的同時，也得以不斷拓展學術視野，加強與國內外敦煌學家的連繫。一九九一年五月，學會派我和沙知、齊陳駿兩位教授到列寧格勒（聖彼得堡）查訪俄藏敦煌文獻，開始涉獵俄藏敦煌、黑城文獻。一九九三年夏，我和書局總經理鄧經元應邀訪問設於巴黎的敦煌研究小組，一九九七年又應邀到法蘭西學院漢學所演講敦煌學術。一九九七年底，在我辭謝了上級領導提議讓我去線裝書局做負責人的同時，在中華書局成立了全國出版界第一個漢學編輯室，與一些年輕編輯一起，在原先所出「中外關係史名著譯叢」、「法國敦煌學名著譯叢」等譯著的基礎上，又編輯出版了「世界漢學論叢」、「法國漢學」、「日本中國學文萃」等一批漢學論著，得到學術界的關注與肯定。二○○三年，敦煌學國際聯絡委員會在日本京都成

立，我作為第一批幹事之一，也為敦煌學研究的國際協調與合做作了些工作。至今，我從書局正式退休已經十一年，今年也要離任敦煌吐魯番學會副會長兼秘書長的職務，但相關的文化普及、學術研究、編輯出版工作都還在繼續進行著。三十多年來，我多少次到敦煌考察學習已經記不太清了；在中國內地及臺灣、香港的幾十所大學及研究機構、圖書館、博物館、美術館做敦煌學演講，至今已十訪巴黎，五上聖彼得堡，六赴京都，也到德國、韓國講過敦煌的文化藝術，又曾去英國、斯里蘭卡參加學術研討會，與廣大的敦煌文化愛好者及敦煌學家、漢學家進行了頻繁而卓有成效的交流。幾十年來的實踐，使我深深體會到季羨林先生提出的「敦煌在中國，敦煌學在世界」確是十分精當的不刊之論。

寫到這裡，似乎還應述及我和「絲綢之路」的「因緣」。眾所周知，敦煌位於絲綢之路的「咽喉之地」，特殊的地理環境、人文背景，造就了這個「華戎所交，一大都會」光輝燦爛的文化藝術寶庫，也形成發展了「世界學術之新潮流」──敦煌學。隋唐時期，從敦煌西出玉門關、陽關西行，絲綢之路分為南、北、中三道。一九七九年夏，我因研究唐代邊塞詩的需要，到新疆北庭故城踏查，又接觸了回鶻佛寺（西大寺）的發掘工作；第二年夏，我第一次到古龜茲地區的庫木吐拉石窟考察，又身臨奇險雄偉的鐵門關。通過兩次實地考察，在原有十年新疆生活的基礎上，我開始領略古絲路上豐富深厚的文化內涵，也逐漸領悟著與絲綢之路的緣分。本書所收《與庫木吐拉有緣》、《我的克孜爾情結》兩文即是簡述這種緣分。一九八二年夏，我在蘭州參加敦煌文學座談會後，乘火車、卡車到了敦煌，得以第一次觀瞻藝術寶庫莫高窟。自此，我的學習、工作、生活無不與絲綢之路，與敦煌密切相關。絲綢之路與絲綢密不可分。我與絲綢的緣分也不能割

捨。我父親柴煥錦（1913-1996）早年畢業於浙江省高級蠶桑學校（浙江省絲綢工學院、浙江理工大學前身）製絲系，作為著名的絲綢工藝專家，為中國絲綢技術的進步、發展與絲綢品種的改良及創新耗費了一生心血。他對絲綢的鍾情，對絲綢技術的潛心研究，對發展新疆和田地區絲綢生產的關切，也給我以潛移默化的影響。我從小時候的植桑養蠶，到近幾年《絲綢與飛天》、《說「天衣」》、《壁畫絲蹤》等文章的撰寫，無不與父親的薰陶與教誨有關。

其實，前面所述恐怕還只是「緣」，即事物生成的輔助條件，或曰「外部條件」（哲學家稱之為「外果」）。真正的「內因」何在？我自己還說不很清楚。我想，作為一個浙江籍的學人，還應該不侷限於個人的身世，而需要連繫十九至二十世紀的浙江及全國的人文背景，特別是一批浙江前輩學者的政治與學術思潮，去認真探究浙江學人與遙隔萬里的絲路敦煌的關聯。這也是我若干年前在《浙藏敦煌文獻》出版之際提出「浙江與敦煌學」這個命題的原因。

就我個人而言，誠如我在拙著《敦煌學人和書叢談》的「學術自述」裡所重申的：「即便我忝列敦煌學研究隊伍已經三十餘年，我自覺至今尚未真正進入敦煌學莊嚴的學術殿堂。」本書中所收文章，最早的寫於二十世紀八〇年代初，有約五分之二則是近兩年所撰，結集出版企望讀者批評指正，也想借此表明我對絲路及敦煌文化普及與學術研究的繼續追求。吾生有涯而學無止境，是我的真實思想。

（2015年6月5日）

敦煌學與敦煌文化

──在「敦煌與絲路文化學術講座」上的演講之一

今天我主要講三個問題：第一是如何認識敦煌學；第二是敦煌學形成和發展的三部曲；第三是怎樣認識敦煌文化。重點講第三個問題。

一、如何認識敦煌學

大家知道敦煌學是隨著敦煌莫高窟藏經洞文物的發現和流散而興起的一門國際性和綜合性的學問。一九〇〇年六月二十二日，敦煌藏經洞偶然被發現了，但我過去講過這個偶然又有其必然性。發現文物當然重要，但更重要的是這個東西出現以後人們對它怎麼認識。很遺憾的是首先對藏經洞裡的文物比較重視的不是中國的學者，而是國外的探險家、考古學家。他們知道這情況以後，從斯坦因開始到伯希和、日本的大谷光瑞探險團、俄羅斯的奧登堡考察隊等，把藏經洞裡的很多精華拿走了。其實這拿走是一個問題，而他們對這些文物和文物價值的認識促使敦煌學這門學問在世界上形成是更重要的問題。到一九三〇年左右的時候，中國有關學者對這個問題認識得比較深了。如著名的學者陳寅恪先生有一句總結敦煌學到底是一門什麼學問的

話，說得很短，很精闢。他說：「燉煌學者，今日世界學術之新潮流也。」[1]這裡提了兩個問題，一個是世界的學術，一個是新的潮流。那麼我們怎麼認識它是一門世界性的學問、新的學問？我想從國學大師王國維講的話中能得到一些啟示。他講一門新學問的形成必須要有新材料的發現。敦煌藏經洞新的文獻材料的發現引起了人們對這批材料的研究興趣。通過這些研究，通過比較新的視角和比較新的方法，形成了一些新的認識和觀點，這才是一門學問形成所必要的條件。

我們不是說任何材料的發現都能夠促成一門新學問的形成。最近經常聽到哪兒哪兒發現了什麼東西，但它不見得能形成一個新的學問。比如說，前些年在陝西扶風法門寺地宮發現了非常珍貴的文物。法門寺的有關人士舉行了幾次會議，包括國際會議，積極爭取搞一門「法門寺」的學問，然而至今還是未能形成國際公認的專門學問。那麼敦煌學為什麼能夠迅速地形成一門新的學問呢？這裡有一個很重要的條件，就是首先應提到把敦煌文獻拿出去的那些外國學者，他們以新的視角看待這些材料，用新的方法研究了這些材料。也許有些人會說，那些方法有什麼新的，拿材料來由我來研究就是了。那麼請注意，伯希和、奧登堡考察隊，他們在敦煌做的工作遠不是我們所想像的那麼簡單。他們用了現代化的攝影和測繪工具，用了繪圖等等方法，這跟我們傳統的文獻研究方法不太一樣。更何況他們從這些文獻裡所發現的不僅僅是中國古代文化的遺產。如果僅是那些，恐怕也不會引起他們那麼大的興趣。大家可能見過一張伯希和蹲在藏經洞一個微弱蠟燭光下翻揀寫卷的圖片。他在那裡蹲了三個星期，挑選了很多

---

[1]　《陳垣燉煌劫餘錄序》，見陳寅恪：《金明館叢稿二編》，上海古籍出版社1980年版，第236頁。本書以下再引陳氏是文內容，均見該書第236-237頁，並徑改「燉」字為「敦」，一般不再出注。

非常重要的寫本，其中有很多非漢文的東西。凡是他看出是古代西域現已消亡了的少數民族文字的文獻幾乎都被運走了，其原因等會兒我還要談到。所以我說，敦煌學是隨著藏經洞文物的發現和流散而形成的一門國際性和綜合性的學問。

剛才講過，陳寅恪先生說敦煌學是世界學術的一個新潮流，不知道大家是否還看過姜亮夫先生二十世紀五〇年代寫的一本書《敦煌——偉大的文化寶藏》。他說：「自從莫高窟六朝、隋、唐寫本藏經發現之後，敦煌學已成為六十年來在國際間享有盛名的中國學術之一。」[2]請注意「中國學術之一」這一句，也許有人可能認為和前面的說法不是十分一致。那麼這就牽扯到我們怎樣認識敦煌學的問題。我前面講敦煌學是一門世界性的學問，而剛才又講了中國學術，這是為什麼？這和它的研究對像有密切的關係。我們說敦煌學是以敦煌及其相關地區歷史文化以及文化交流為主要研究對象的，帶有鮮明的中外文化交匯內容和風格的一門「中國學術」。但是對這個「中國學術」，姜亮夫先生並沒有完全限制在中國舊的治學範圍裡面。姜先生講，敦煌文獻裡面很多內容是世界性的。然而，因為它是在中國大地上發現的中國文獻，並且這些文獻裡有那麼多東西。我想大家比較了解絲綢之路。《隋書》裡面有一篇非常重要的文章《裴矩傳》，裴矩是當時出使西域的人物。《裴矩傳》裡有裴矩本人寫的《西域圖記》的序。他講到有關絲綢之路的非常重要的一句話，他說：「發自敦煌，至於西海（西海是指裡海或地中海），凡為三道（有三條通道），各有襟帶（各有各的連接道路）。」「故知伊吾（今新疆哈密）、高昌（今吐魯番地區）、鄯善（古樓蘭一帶），並西域之門戶也。」就是說伊吾、高昌、鄯善是西域的門

2　姜亮夫：《敦煌——偉大的文化寶藏·自序》，雲南人民出版社 1999 年版，第 1 頁。

戶，下面還說「總湊敦煌」[3]，它們的交匯點，總彙集的地方是在敦煌，「是其咽喉之地」。所以敦煌的歷史地位是中原通向西域各個門戶的一個咽喉之地，這非常重要。這就決定了敦煌學所涉及的內容。以前有一種狹窄的認識，好像敦煌學就是研究敦煌的東西，其實並不是那樣。因為我們知道敦煌是一個咽喉，我們不能說光研究這咽喉，而不研究經由它通往的其他地方。否則，這個咽喉的地位、作用也就搞不清楚了。所以我認為能否用這麼一句話來概括我們對敦煌學的認識：對外國學者來講，敦煌學屬「漢學」範疇，它是中國學一個重要組成部分。我們知道什麼叫漢學，就是國外的學者研究中國傳統歷史文化而形成的一門學問，這不是我們中國傳統意義上的漢學、宋學的那個「漢學」。而對中國學者來說，敦煌學又是帶有鮮明的中外文化交匯內容的一門新的國學，而這國學不是傳統意義上的國學，它是具有世界意義的中國學，這就回到我剛才講的姜亮夫先生的話上來，即它是具有世界意義的中國學。我們認識敦煌學首先一定要認識敦煌在絲綢之路的歷史地位。那麼有的人就提出這樣的問題，敦煌藏經洞出現的這些東西都是老古董，我們為什麼這麼重視它？而且為什麼一開始是外國學者，他們認識它的價值比我們還早。有不少學者（如北大榮新江教授）都指出，藏經洞文獻發現的時候，至少有些中國學者還不以為然，對它的價值缺乏足夠的認識。

這裡可以稍帶講一下現在我們大家認為很時髦的一門學問叫「信息學」。什麼叫「信息學」？在《大不列顛百科全書》裡對信息學下過這樣的定義：信息學是研究信息的儲存與傳遞方法的一門學科。一個方面它要研究怎樣儲存信息，另一個方面它要研究怎麼傳遞信息，這

3　《隋書・裴矩傳》，中華書局點校本，第 1579-1580 頁。本書引用二十四史均為中華書局本，酌情出注。

兩個方面是信息學的研究對象。那麼信息學和什麼有關係呢？國外學者認為信息學與文獻學有很密切的關係。他們認為文獻學（主要指獨立的文獻學學科）起源和形成於二十世紀初，這是國外學者的看法。對我們中國來講卻不是這樣。為什麼國外學者認為文獻學獨立形成於二十世紀初呢？這就與他們在二十世紀初，在中亞地區和中國西部探險所發現的大量文獻有密切的關係。那麼我們為什麼不認為文獻學獨立形成於二十世紀初呢？因為我們的文獻學有非常古老的傳統，大家讀《論語》就可看到孔子有關文獻的一段話：「子曰：夏禮，吾能言之，杞不足征也；殷禮，吾能言之，宋不足征也。文獻不足故也。足，則吾能征之矣。」[4]大意是：夏代的禮儀制度我能講，再晚一點的殷商的禮儀制度我也能說，但夏商之後的杞、宋都無法徵引，因為文獻不夠，所以無法引述和考證，如果文獻夠了我就能引述和進行一番考證，能夠說明它。這是已知中國最早對「文獻」的說明，是孔子對文獻重要性的看法。那麼，今天我們研究敦煌的文獻，就能夠從中了解古代的很多社會歷史文化信息，而這種信息的了解有沒有好處？我認為，好處非常之大，跟每個人的日常生活都有密切的連繫。所以我們敦煌學研究的一個首要任務是怎麼樣正確解讀敦煌文獻和敦煌文物當中所包含的古代文明的信息。這是如何認識敦煌學這門學問的問題。

　　舉個例子，古代舞蹈的真實面貌今天看不到了，因為當時也沒有錄像，那麼我們只能依靠圖像文獻，比如說壁畫，看到壁畫上有各種各樣的舞蹈形象，我們就知道曾經還有過那樣的舞蹈。然而壁畫上的舞蹈是靜止的，如何才能把它變成動態的呢？那麼只有跟文獻結合起來它才能變成動態的畫面。王克芬老師說盛唐 220 窟那兩組胡舞：一組

4　《論語・八佾篇》，見楊伯峻：《論語譯注》，中華書局 1980 年版，第 26 頁。

是著戎裝的，一組是著普通舞衣的，進而認為是胡旋舞還是其他什麼舞蹈。為什麼這樣講？只要與文獻、詩歌結合起來就能夠解決這個問題，光是一個繪畫形象還不足以說明問題。前些年有個風行全世界的大型舞劇《絲路花雨》，大家知道其中有個「反彈琵琶舞」。其實我們並不知道唐代有沒有「反彈琵琶舞」，也許唐代根本沒有「反彈琵琶舞」，那是現代人的創作，但是它卻是根據敦煌壁畫上的一個「反彈琵琶」的姿勢創作出來的。所以後來編《敦煌學大辭典》的時候，我們不叫它「反彈琵琶舞」，只能叫它「反彈琵琶舞姿」，這有科學根據。同樣，根據這個舞姿還可以創作出其他新的舞蹈來。這就是運用古代的信息為現代服務的例子。

以上是我要講的第一個問題，如何認識敦煌學。

二、敦煌學的形成和發展

我認為敦煌學形成和發展有三步，或可稱之為「三部曲」。我把我自己的認識簡單地歸納一下。

第一步，從敦煌文獻的整理研究到對敦煌文物的全面考察。大家知道一開始就是藏經洞的發現，莫高窟在敦煌屹立了一千多年，已知現存最早的洞窟是在前秦的時候開鑿的。從西元三六六年到藏經洞發現的西元一九〇〇年已有一千五百多年。有一次中央電視臺的記者在北大採訪時問我：為什麼藏經洞這麼長時間都沒有發現，一旦發現就有了敦煌學？為什麼莫高窟屹立了千年之久，過去就沒有敦煌學呢？因為國內外學者的關注、研究，是從發現藏經洞敦煌文獻開始著手的，到後來研究才擴展到對整個敦煌地區文物，包括莫高窟的石窟藝術和其他一些文物。所以研究對象是從窄到寬，慢慢地寬泛起來的，這符合一門學科的發展規律。因而有一段時間我們有的專家認為「敦煌學」這個提法不科學，應該叫「敦煌文獻學」。他是從研究文獻的角

度去界定敦煌學這個概念。但如果擴展敦煌學的範圍，則「文獻學」這個定義就明顯不對了。我們藏經洞發現了那麼多東西，有漢文的，有非漢文的，敦煌石窟有那麼多壁畫、雕塑，再擴展到剛才講的相關地區，比如說新疆地區，乃至甘肅其他地區，那些地方的文物與莫高窟都有千絲萬縷的連繫。這樣敦煌學的研究對象越來越寬了，只有如此才能形成比較獨立的有系統的一門學問。

第二步，從對地域文化的研究（大家知道敦煌學是以地名來命名的學問或學科，是一種地域文化）擴展到對世界古老文明交流的探索，從研究狀態來講是從靜止的狀態發展到了流動的狀態。季羨林先生說過很有名的一句話：「世界上歷史悠久、地域廣闊、自成體系、影響深遠的文化體系只有四個：中國、印度、希臘、伊斯蘭。而這四個文化體系匯流的地方只有一個，這就是中國的敦煌和新疆地區。」[5]大家看世界地圖，再沒有這四種文化可以直接交匯的地區。我們要研究敦煌學當然要研究文化的交流，民族的交匯，那麼這種研究就是從靜止的到流動的狀態，在一個世界幾大文明交匯的大背景中去進行研究。

第三步，無論我們研究敦煌的文獻還是研究敦煌遺存的其他古代文物，這種研究是去探索歷史，回顧歷史，要還原歷史本來的面目，去總結歷史的經驗和歷史的規律。這種總結有什麼用呢？當然為建設現代文明服務，我們要對社會文明（包括物質文明和精神文明）的進步做出貢獻。因為這個學問不是死的學問，不是一種僵滯的凝固的學問，這種研究的方法可以從遠到近，往現代推進。

我覺得敦煌學的研究應該有這樣的三步，只有這樣，一門學問才不至於成為零碎的、個別的、雜亂無章的雜學。這樣說是有根據的，因為有的先生提出過敦煌學是一門雜學，零碎雜亂，沒有什麼太大的

5　見《敦煌學大辭典》，上海辭書出版社 1998 年版，第 19-20 頁。

價值。不知大家是否看過上海教育出版社出版的《敦煌話語》這本書，主要由上海辭書出版社社長李偉國先生與幾十位敦煌學專家的對話內容組成。其中有一節叫「廢紙文化與精華文化」，裡面講到，香港大學的教授周錫馥先生，他寫了一篇文章叫《二十一世紀告別廢紙文化》，說廢紙文化有兩類，一類是製造廢紙的，一類是研究廢紙的，敦煌學就是研究廢紙的文化，敦煌學沒有多少價值，原來就是一堆廢物，是隨手扔棄的東西，不是什麼認真的文化創造，最多只有古董的價值，比如說紙是唐宋的紙，墨是唐宋的墨，而沒有文藝、文獻的價值或者說這方面價值甚低。他打了個比方，說如果把香港某個公司的寫字樓或者某個學校教師、學生丟棄的廢紙收集起來放到一個「時間囊」中，數百年之後再打開，是否會變成另一個「敦煌寶藏」，叫「香港寶藏」。這是一個古怪的觀點。當然我想恐怕在座的每個人都不會同意他這個觀點，因為它的前提就不對。我們從藏經洞裡發現的不是他所說的隨手扔掉的廢紙，一點用處都沒有，最多只有紙張和廢紙的價值的東西。也絕不是現在香港的小學生在教室裡面寫壞字了就撕下來往廢紙簍裡扔的那種廢紙，他把這兩個等同起來看顯然有問題，當然這個問題我還要詳細地解釋。因為他把敦煌文獻看成是雜亂無章的沒有系統的東西，不承認敦煌學是一門學問。大家可能看過一些材料，我認為從敦煌發現的很多東西不是他所講的那樣。我們隨便舉一個例子，如敦煌發現的道教經卷，寫得非常漂亮，有很多文獻是今天研究中國傳統的道教文化和儒家、佛教怎麼樣合流等問題不可缺少的非常珍貴的材料，絕不是隨意寫下來扔掉的廢棄的東西。為什麼說廢棄呢？因為有些學者認為藏經洞是堆放廢棄物的。榮新江教授認為是為了逃避某些戰亂，把藏經洞封起來，有意保存下來的。而有的學者則認為這些東西都是沒用的，佛教又不能亂扔字紙，就把它堆在一起封起來了而

已。後來我向主張「廢棄」的一位專家建議，至少這個廢棄的「棄」字是非常不合適的，不用了可以放起來，那叫廢置，現在不用了或沒有它的作用了，可以先放起來。後來他吸收了我的意見，說將來可以修改他的說法。其實我本人也並不認為是廢置的。所以我認為敦煌學不是一個個別的零碎的雜亂無章的雜學，它是內容豐富的有完整的內在體系的一門獨立的學問。它不是囿於一時一地的靜止的狹隘的保守的東西，而是流動的、開放的、革新的文化財寶。敦煌藏經洞發現的許許多多卷子的內容，包括莫高窟藝術的很多內容都可以證明它是改革的、開放的、不保守的，是代表當時先進文化的東西。我認為現在之所以對這個問題沒有統一的認識，是因為我們現在對敦煌學的理論缺乏系統建構。一門學問最終的確立要有自己的理論框架，這些年由於我們所發現的敦煌文獻實在太豐富了，所以各人研究各人的，研究文學的研究文學、研究宗教的研究宗教、研究經濟的研究經濟、研究軍事的研究軍事，都搞自己某個學術領域裡的東西。最近敦煌學術界在呼籲敦煌研究能否更系統、完整地進行。二〇〇二年八月在北京理工大學舉辦了「國際敦煌學術史」的會議，商討了這個問題。這是第二個問題，就是敦煌學形成和發展的三部曲，我們認為一門學問的形成發展必須有這樣一個過程。

三、怎樣認識敦煌文化

剛才我講到敦煌文化首先是一種特殊的地域文化。什麼叫地域文化？地域文化是帶有鮮明的地域內容、色彩、風格、形式的一種文化現象。大家知道中國有很多地域文化：楚文化（湖南、湖北地區的文化）、巴蜀文化（以四川為中心）、吳越文化（江蘇、浙江一帶）、齊魯文化（山東一帶），這些都是地域文化。但是敦煌文化又和那些地域文化不太一樣，它是一種特殊的地域文化。一個地域文化必須要有它形

成的基礎和條件。提起基礎就牽扯到主流文化的問題，這是我們研究敦煌學、敦煌文化一個非常重要的問題，過去的學者很少提到此類問題。最近我看到社科院有個集體的科研成果，有一位學者寫了其中的一部分「儒學典」。儒學方面他就提到了這個問題，這非常重要。就是說一個地域文化必須以主流文化為基礎，這是一個小的地域和整個國家或民族的主流文化的關係問題，本地域的主流文化是它的基礎，沒有基礎，該地域文化也難以生存和發展。

　　第二點也很重要，即各個地域當然都有所差異，這樣地域文化才能呈現出它的多樣性。敦煌文化有非常鮮明的地域風格，並且和我們主流文化有密切連繫。但是它又不等同於主流文化，其中還有其他民族文化的材料，對這些資料要具體地逐一分析，不能籠統地看它。比如，我們經常碰到一個問題，分析敦煌、新疆的壁畫，說這個壁畫是漢風，那個壁畫是胡風等等。就是中原風格的叫漢風，西域的少數民族風格的叫作胡風，如此籠統地講似乎也可以，但實際上還不夠嚴密。漢族是漢王朝統一中國以後才逐漸形成的一個混雜的民族，嚴格講當然不是一個單一民族。因為當時居住在包括黃河流域、長江流域的很多地方都有少數民族，不是我們現在意義上的漢族，到後來都已經融合了。若要追述我們的祖先，確實還追述不到漢族的祖先，那麼所說的漢風到底是什麼？再說胡風，也是很籠統，因為「胡」是一個泛稱，到底是從歐洲傳來的希臘羅馬的東西，還是從印度、中亞或從東南亞來的東西？是佛教的還是基督教的東西，還是伊斯蘭教等其他宗教的東西？這些問題都需要一一區分。敦煌這個地域文化所體現出來的風格是多樣性的，它是多民族文化交匯而形成的一種特殊的地域文化，這就是地域文化的個性。剛才講到它有它的主流文化，現在又講到它的個性，即特殊的東西，就是主流文化它也要變異，要改革，

對此等會兒我要舉個例子加以說明。

　　各個地域所存在的差異促成了地域文化的多樣性。那麼地域文化有沒有共同性？當然也有共同性。它的共同性不是表現在完全沒有差別的那種共性上，而是包含以下兩點：第一，對主流文化的認同。敦煌文化對華夏文化有認同感，這個非常重要。第二，還要吸納支流、幹流的那些文化，這樣它才表現出整體性，證明它不是雜亂無章的東西。現在大家都在講尋根及其重要性，目前在這個世界越來越全球化的趨勢下，尋根有它特殊的意義。我們講敦煌文化實際上也是對尋根問題的一種詮釋。我昨天在商務印書館看到新出的一本書，法國學者魏明德（Benoit Vermander）寫的《全球化與中國》，第一章講了全球化與文化交流，有幾個觀點值得給大家介紹，非常有意思。第一，他說現在很多人都在反對全球化，大家知道一九九九年在西雅圖開世貿組織會的時候，很多人遊行示威反對全球化的進程。請注意，他還說全球化同樣可以成為創新的因素。第二個觀點，外部的影響能夠派生出教育的新模式，更加開放的同時產生適應本地的現實的東西，所以如果搞好的話，一些外部的影響不完全是壞的東西。第三個觀點是說文化的多樣性可以繁衍出新的文化的語言。敦煌地區是不是體現了當時文化的多樣性？並且這種文化的多樣性不是靜止不變的，正因為這種文化的多樣性最後繁衍出敦煌文化這麼一個新的文化語言。所以我們中國人要到敦煌文化裡尋根，法國人也要去尋，日本人也要去尋，英國人也要去尋，美國人也要尋根。他又講，現在東西方文化同樣面臨著失去根的危險，非常需要參照自身的源流，包括宗教、藝術、哲學等來創造新的表述方式。他又講到地方文化應該抵制一些腐朽東西，而要接受精華，這樣社會上才能呈現出好的局面來。就是說我們不是籠統地反對全球化，只是有些國家搞全球化，像美國，它有它的另外

一種目的，因為美國沒有更深的文化源流。其他國家的認識卻不是那樣了。

敦煌文化的共性首先表現在對華夏主流文化的認同，這是第一。第二，它對各種支流文化都有很好的吸納，吸納以後有創新。這裡舉一個飛天的例子，因為大家比較熟悉飛天，一定看過很多飛天的形象。敦煌壁畫或者雕塑上的飛天是非常豐富的，從前秦、十六國時期一直到元代，創造了非常豐富的飛天形象。我們要追溯它的源流。學者們研究敦煌飛天的源流，認為和印度原先的藝術形像有關，如緊那羅等，其實緊那羅本來不是佛教的東西，應該屬原始的守護神。我們如果從飛天藝術形象本身來分析，印度的飛天形象顯得比較呆板，在整個藝術品裡飛天的位置是在邊上，有時候成一個直角形，好像飛不起來，我們很難感覺到它是飛天。這種飛天慢慢發展，後來傳到阿富汗巴米揚、到巴基斯坦，但它的形狀還是沒得到太大的改變，我們看不出太大的動態感。到了新疆克孜爾開始有了變化，飛天顯得生動了一些，但是好像還是飛不太起來。而在我們內地，在江蘇丹陽發現道家的羽人形象，倒是飛動得很厲害。大家知道，在莫高窟，北魏時期的飛天就不一樣了，它的身體曲線基本上成 V 字型或 U 字型。尤其是那些伎樂飛天的方向感、動態感都比較強，因為加了很多飄帶，另外還有服裝的線條。我們知道中國畫的靈魂在線條，線條勾勒以後它就增添了飛動感。新疆早期的飛天，比如在和田地區發現的飛天還有翅膀，和希臘的小愛神一樣。看看歐洲大教堂的那些小愛神，肩膀上有兩個很大的翅膀，那翅膀本身就很重，所以它飛不起來，飛不起來怎麼辦呢？畫家就在它的腿上、手上畫上小翅膀，讓它飛起來。再來看看莫高窟的飛天，沒有翅膀，卻飛得很好。當然北朝的飛天比較清秀，比較瘦，畫起來袍子顯得很空蕩，空蕩顯得更有飄動感。到了隋

代，那種飛動感更加強烈了。而且隋代的飛天臉龐顯然是要比北朝的豐腴得多，方正得多。並且，隋代有個最大的特點是出現了大量的成群結隊的飛天，尤其是畫在窟頂藻井上。這些飛天圍著蓮花或者別的圖案一圈一圈地飛動，給人一種整體感。所以隋代的東西很值得研究，包括文學、音樂。雖然隋代非常短命，才幾十年，一個只生存了幾十年的朝代能創造出很有自己特色的文化，在世界上是很少見的，甚至在中國也很少見。

到了唐代，飛天發展成熟了，有幾個比較大的特點，一個是雍容華貴，另一個是動感，它不像是隋代或者是北朝一樣，非得藉助很多線條、飄帶來表示，而且它姿態非常優雅，從上而下，或者從下而上，自由自在地飛翔。仔細觀察，你說它飛確實是在飛，你說它不飛好像也沒有飛。在這裡動和靜得到了一個高度的結合。另外，唐代的飛天還有一個明顯的特徵，即說不出它是神還是人。所以有「菩薩如宮娃」的說法。唐代的飛天體現出中國的主流文化，就是儒家天人合一的主流文化，這種精神貫穿到飛天這個藝術形象裡，使飛天形象體現出了天人合一的含義，說它是神也可以，說它是人也可以，說它在天上飛也可以，說它在凡間起舞也可以，怎麼理解都行，達到了一種出神入化的地步。剛才我們講到尋根，那麼唐代的飛天之源當然要尋到印度、阿富汗等地方，它吸取了那些支流、幹流的文化以後，又形成了自己的特色。唐代的飛天特徵鮮明，無論是什麼地方，包括現在做的工藝品、絲巾上的那些飛天，一看就知道那些是中國唐代的飛天，絕不是印度的或阿富汗的飛天。

我們知道敦煌文化是比較特殊的，今天我不能講更多的例子。敦煌的這種特殊性到底是怎麼形成的，為什麼別的地方就形成不了呢？第一是地域的特殊，我一開始就講了敦煌是絲路咽喉，它有它文化生

成和傳播的一個特別的自然地理環境。我們要從長安出發，沿著絲綢之路走，敦煌是咽喉，只有從它那裡分成北道、中道、南道，而不是從別的地方，地形、生態、氣候等關係造就了這種局面。如果現在去看敦煌，好像只是戈壁裡的綠洲，其實敦煌一帶的氣候並不是很好，怎麼能想像當時能造出那麼宏偉的千佛洞來，僅僧尼、工匠要養活多少？而歷史上這一地區是非常繁榮的，而那種繁榮不能以我們今天所看到的現象來衡量，我們要回到歷史上去看。

　　下面講一講絲綢之路。有關絲路文化，生活於十九世紀三〇年代到二十世紀初的德國學者李希霍芬（Ferdinand von Richthofen），最早提出「絲綢之路」這一名詞，因為那條道路是我們中國的絲綢運往西方的一條大的通道。這實際上是個籠統的說法，運的當然不僅僅是絲綢，還有大量的其他貨物，所以有的外國學者還提出過白銀之路、茶葉之路、瓷器之路等等，但是絲綢最具有代表性。提起絲綢之路我們一定要解決一個問題，就是雖然「絲」是中國或者是我們這裡發明的，從我們這裡傳出去的，但是到了唐朝或者更早的時候，已經並不僅僅只有我們才生產絲綢，這一點一定要搞清楚，要不然考古發現很多的問題解決不了。所以一位法國學者提出，絲綢之路上有許多「絲都」。當然長安是我們絲綢之路的起點，意大利的佛羅倫薩也是絲都，有段時間佛羅倫薩的絲綢工業非常發達，法國人也曾經試圖搞他們的絲都。因為我這裡講敦煌地域的特殊性，從敦煌發現了很多文物，比如說我們後來考古發現的絲綢吧，敦煌文書裡就有這樣的詞語「胡錦」，就是從西方那裡傳來的錦緞，還有「蕃錦」，是從西南方傳來的。外面運進來的絲綢，通過敦煌傳到內地去，說明不僅僅是我們的絲綢被運出去。二十世紀八〇年代，在青海有個叫都蘭的地方挖掘了一片吐蕃貴族的墓地，這些貴族墓地裡的最大發現就是各種絲織品，據說絲織

品的種類有五六十種之多，而這五六十種裡大概有二三十種以上都不是我們中國的絲綢。它的品種非常多，如上面有刺繡外邦文字的，從中亞地區運來的很多「波斯錦」。比如說在敦煌發現的圖案上，還有新疆發現的絲織品上，都有一種圖案叫作「聯珠紋」，環形的一圈聯珠，畫得像軸承一樣成散射狀的東西。專家研究這種「聯珠紋」，認定是西方的東西，不是中國本來的紋樣。所以說絲綢之路這一地域的特殊決定了敦煌文化的特殊，當然更重要的是文化背景的特殊，就是說文化生成和發展都有自己的背景。一方面敦煌文化依靠中原的主流文化，這是一個大背景；另外一個方面是敦煌這地方有很多種民族文化的交匯。有關這些問題以前都講過好多次了，我只想說一個很簡單的東西，比如說絲綢之路的貿易，不僅僅是絲綢運出去就算完了，大量的外國商人也進來，一直到長安。那麼使用的是什麼貨幣？當時有沒有硬通貨？唐朝的時候羅馬的金幣、波斯的銀幣可以和我們做大量的交易，我們把茶葉賣給他，他們給我們金幣或者銀幣。當時東羅馬的金幣和波斯的銀幣都是硬通貨。

馬克思曾經在一部著作裡講世界上有些「商業民族」，比如猶太人，猶太人從古以來就是以經商為主的，非常能幹。還有粟特族，也是商業民族。這些商業民族在絲綢之路這條道路上對文化的傳播起到非常重要的作用。在敦煌藏經洞裡，在敦煌莫高窟的壁畫裡，都看到許許多多商業民族的活動的影子。這些商業民族能連接很多其他民族，他們是流動的，當然並不是說整個民族是流動的，絕不是這樣。就是草原民族，也不是說一天到晚無休止地、亂七八糟地流動，它有自己的規律，也有一定的地域範圍。但是商業民族可以跑遍全世界，正是這些人對民族文化的傳播起到了非常重要的作用。敦煌文化背景裡比較特殊的就是剛剛舉的季羨林先生講的話，有各種古老文化的交

匯，同時也有各種古老宗教的交匯。比如在敦煌一個講經文裡，有一篇非常有名的《佛說阿彌陀經講經文》，其中有一句非常典型的話：「西天有九十六種外道（所謂『外道』是指佛教以外的其他信仰），此間（就是敦煌這個地方）則有波斯、摩尼、火祆、哭神之輩。」當時從波斯帶進來了很多景教的東西，就是基督教的一派，也叫聶斯脫里派，還有摩尼教、火祆教，當然火祆教不僅在敦煌傳播，它後來成了一派，內地如河南等地都有火祆教的遺跡。哭神是什麼？過去很多學者搞不清楚，包括在《敦煌變文集》裡，五〇年代初的一些老學者們也搞不清楚哭神的來頭。後來有些專家對哭神進行研究，說是印度教的濕婆神或舞神，這是一個非常矛盾的神，一方面具有摧毀一切的能力，另一方面又能給人以健康，所以說它具有兩面性。它又是舞蹈之神，現在印度的舞蹈神，就是濕婆神的形象。因為它能摧毀一切使人哭泣，所以有人說它是哭神。然而上次一位法國學者在這裡做有關撒馬爾罕的講演時，他卻持有另一種觀點，認為哭神是粟特人的信仰，就是娜娜（Nana）女神的信仰。但不管是印度教，還是娜娜信仰，都是外民族的一種宗教文化信仰。在敦煌地區匯聚了那麼多宗教信仰，而且那些宗教信仰是自由的、開放的、兼容的。在敦煌的文獻裡幾乎看不到一種信仰扼殺另一種信仰或一種信仰摧殘另一信仰、排擠另一種信仰的現象。

　　我著重介紹這個問題，是因為要講講中國的主流文化究竟是什麼。有一次在長城學會的會議上，季羨林老先生發表了一個觀點。他舉了一個很簡單的例子，為什麼造長城？是為了抵禦匈奴的入侵，是為了防禦，長城文化是一種防禦性的文化。中國人一直在防禦，沒有進攻，沒有侵略性的一面，這點非常重要。所以當初西方大聲喊叫「黃禍」的時候，魯迅先生就駁斥過這個論調。中原主流文化，即儒家文

化的本質和特性是兼容的，是寬容的。我們知道孔夫子一開始就講
「恕」，講「中庸之道」。現在不去分析這個中庸之道對歷史起過進步的
還是反動的作用，我們認真地去看現在的世界，世界上有那麼多的矛
盾，那麼多的戰爭，無論是局部的，還是大範圍的釀成很大危害的，
都與排他性有關。所以我們應該回過頭去看敦煌文化為什麼能夠那麼
燦爛輝煌，它不是偶然的。如果敦煌文化是狹隘的、保守的，不容別
的文化進來，把它們排斥了，那麼流傳到今天的敦煌文化不可能是這
樣子。我們看到莫高窟四萬多平方米的壁畫裡有那麼豐富的各種各樣
的形象，因為敦煌能容納，能發展它們，這點是非常重要的。要建立
一個非常強大的國家，就不能只有一種單一的文化。所以有一位美國
朋友跟我講，不要看我們美國人財大氣粗，其實內心非常空虛，這話
講得非常有道理。他說「9‧11事件」使我們美國人感到另一種空虛，
但那種空虛不可怕，大樓被炸燬了，我們還可以再造，然而文化的空
虛是很難填補的。所以我認為今天認識敦煌文化的多樣性時，我們一
定要從中國傳統的主流文化裡尋找原因。當然還有一個重要原因，敦
煌文化裡比較豐富的是佛教文化內容，可是我決不同意敦煌文化就是
佛教文化的說法，只是佛教文化占了相當大的比重。

　　我們再來談佛教文化的兼容性。如果我想和你融合，你卻不願意
跟我融合，你有排他性，我還是融合不了你。佛教文化本身也有兼容
性、包容性和寬容性。就佛教故事而言，敦煌壁畫裡有五百強盜立地
成佛的故事、九色鹿的故事等。九色鹿的故事中提到的那個壞人那麼
壞，他出賣了九色鹿，長了一身膿瘡，但最後悔過自新了照樣是好
人。佛教宣傳這種思想，只要改過自新了，就是好的，就可以容納進
來，佛教就是講寬恕。敦煌是佛教的聖地，當時佛教文化起了很大的
作用，佛教文化本身又有那樣的特性，而中原的儒家文化，主流文化

也是兼容的，它們就能在敦煌融合在一起，包括道教也是一樣。過去有人批判敦煌出土的《老子化胡經》，說道教怎麼能教化釋迦牟尼？但是仔細去讀這個故事本身，還是講融合，具有互相統一在一起的含義，並沒有相互排斥、抵制，或貶低的意思。我覺得這一點是非常重要的。

比如，就學習語言而言，佛經的翻譯是經過了許多代許多人的努力。中國從西晉到十六國時期那段時間，包括鳩摩羅什在內的有許多著名的翻譯家都不是中原人，即不是漢族人，都是少數民族。可是他們都有個共同點，若看他們的傳記，如《法苑珠林》、《高僧傳》等書中，很多都有這樣的話：「華戎兼通」，意思是中原的語言和古印度梵文、西部少數民族的語言都能兼通，所以才能把佛經翻譯得那麼好。因此當時少數民族的專家學者對佛經的翻譯起到了非常重要的作用，有非常大的貢獻。比起他們來，玄奘是較晚的人物，他最大的功勞是到印度以後介紹了西域地區的很多文化，撰寫《大唐西域記》，另外還帶回很多佛經，過去沒有翻譯過那些經，他組織人翻譯出來了其中的一部分，但佛經並不只是玄奘一個人翻譯的。

說到這兒我想到一個不少人有興趣的小問題，就是為什麼唐代女子以豐腴為美？北朝傾向於秀骨清像的原因，我認為這一定是和北方少數民族有關，同時它也和時代動亂，老百姓吃不飽的情況密切連繫在一起。唐代承平日久，尤其到了唐玄宗時候，杜甫詩裡寫到了米價賤，物質豐富那種現象，老百姓不愁吃，不愁穿。尤其李唐王朝的統治者，帶有西部的少數民族血統。過去陳寅恪先生也寫過這方面的文章，聽說後來由於蔣介石的干涉，就不敢寫了。出於隴西的李姓皇帝血統裡有西涼少數民族的成分。一個馬背上的民族，一個以流動作戰為生的民族一旦安定下來，生活好過了，很自然是要發胖，加上楊貴

妃也長得很豐美，符合統治者的喜好。另外有個很重要的現象，當時歌舞非常發達，據《明皇雜錄》的記載，在唐玄宗時期有個叫王大娘的，以演耍頂竿雜技舞蹈為生，她在肩膀上或者頭上頂一支竿子，小演員爬上去，在竿子上做各種動作，還要跳舞。現在的雜技中也有此項目。王大娘頂竿可以堅持很長時間，人在上面蹦蹦跳跳，王大娘如果沒有好的身體和體力，如果很瘦，就堅持不了多長時間。今天的歌唱演員都要中氣很足，尤其是唱女高音的、西洋唱法的演員，都比較胖，他們需要有那種氣。據史書記載，唐玄宗時期舉行歌舞晚會，有時連著三天三夜晝夜不停地跳，沒有好的體力無法做到這一點。那些梨園弟子都需要壯一點才行。而且唐朝時候，他們認為生活條件好了，人就應該稍微豐滿一點。從《明皇雜錄》又查到這樣一個非常有趣的故事。有一位潤州刺史叫韋詵，他為女兒挑夫婿，發現有一個叫裴寬的人很懂禮貌，就把他叫到家裡，讓妻子和女兒看一看。妻子、女兒看了以後大喊大叫，說這人太瘦了，長得像鸛鳥一樣，細腿長胳膊，覺得不太好，選女婿怎麼會挑這個樣子的人，像吃不飽的樣子，覺得不行。可是後來他們還是排除了世俗習慣，選中了這位女婿，並且這位女婿還不錯，夫婦倆白頭偕老過了一輩子。這說明當時唐朝有那種風尚，看見瘦人就覺得不大正常了。當時楊貴妃讓唐玄宗的管財政的官員劉晏寫一首關於王大娘頂竿的詩，那位官員寫了一首詩說：「樓前百戲競爭新」，是說花萼樓前面各種歌舞戲演出，花樣翻新；「唯有長竿妙入神」，意思是只有王大娘頂竿的技術達到出神入化的地步；「誰謂綺羅翻有力」，就是誰在稱讚跳舞的人翻動她的衣服很有力量呢？「猶自嫌輕更著人」，就是還嫌舞蹈者的服裝太輕，換一個人或者更換衣服能把舞蹈跳得更有力量，更有氣派。[6]如果這個人長得干瘦，

6　以上故事均見「唐宋史料筆記叢刊」《明皇雜錄》點校本，中華書局 1994 年版，第13、15頁。

沒有力量，那麼舞蹈無法達到「翻有力」。所以這是時代的風尚，我覺得每一個時代的文化或者一個地域的文化總有生成的背景，這就是我剛才所講到的特殊文化背景。

還有一個特點是，敦煌文化延續的時間長，我覺得這一點也比較重要。敦煌文化生成和傳承的時間比較長，而且從莫高窟的壁畫、雕塑裡能看出敦煌文化有相對的穩定性。最早的壁畫在西元三六六年鑿的洞裡，到明清時代，已有了一千多年的歷史。先不說明、清兩代，就講元代以前，或者就講藏經洞封閉前，敦煌自從建郡起，即從西元前二世紀西漢的時候到西元十一世紀藏經洞封閉的時間，至少有一千多年的時間了，這期間它的文化處於相對穩定的狀態。我們沒有看到敦煌莫高窟遭到很嚴重的人為破壞的痕跡。我曾經和榮新江教授討論過這個問題，我不認為封閉藏經洞的目的是躲避西夏人，絕對不是那樣。因為，第一，西夏人也是信奉佛教的，沒有必要恐慌他們的到來；第二，西夏進來以後確實沒有破壞壁畫。所以我講到敦煌文化是互相寬容，互相兼容的，沒有大的破壞性。敦煌文化最後還是保持了相對穩定的延續性，這點非常重要。我們講文化歷史是否悠久有很多因素，如果文化有很多斷層現象，那麼文化本身就有很多問題。我們不希望我們的文化斷層，我們看敦煌文化能感覺到它有借鑑的意義。

最後簡單地總結一下。第一個結論，敦煌文化是多種文明互相交融、促進、共存的多民族文化，不是單一民族的文化。我們不能說它是漢民族文化或者某一個民族的文化。當然我們可以說它是華夏文化，但是這個華夏也是由多民族組成的。另外，敦煌文化不是單純的佛教文化或者單純的儒家文化。第二個結論，敦煌文化顯示出了兼容、寬容，追求和平、進步、發展的時代精神。它的性質是為中國主流文化性質所決定的，這是我們中華民族為什麼熱愛和平的主要原

因。第三個結論，敦煌文化體現了保護與積累文明財富，創造人類幸福的民眾願望和歷史要求。這一點為我們提供了借鑑。我曾經在一篇短文裡說過敦煌文化是世界文明的象徵，現實可以從敦煌文化裡得到啟發。全世界或者小範圍的我們國家究竟創造一種什麼樣的文化，一種什麼樣的文明？我們不是狹隘的民族主義者，我們也不是泛泛的世界主義者。我們應該創造一種能夠兼容、包容、吸取各種文化營養的世界文明、世界文化，我覺得這點是非常重要的。尤其是在二十一世紀，如果能夠解決上面所說的問題，那麼世界上很多問題包括打仗的問題也許就能得到解決，相反這個問題得不到解決，打仗的問題也永遠得不到解決。所以歷史文化很奇怪，既然敦煌文化能給我們這樣的啟示，說明敦煌文化有一種前瞻性，或者叫「超現實主義」。希望有人對歷史文化的前瞻性或超現實主義的問題進行研究，這是非常有趣的課題，是傳統文化和現代化的關係問題。這些年我也參加過一些博士生和碩士生的論文答辯會，當然更多的是對具體問題的探討，寫得也非常好。但是我往往覺得好像缺少一點什麼，就是從一個比較大的文化交流的範疇來探討某一個具體問題或指導某一個具體問題，這是第一。第二，探討歷史的時候，怎麼樣把歷史放到現實中再向前看，看到底能給今天帶來什麼啟發。聽說西北師大有的教師正在搞有關敦煌環境保護的課題，我覺得這個課題非常有意思，敦煌的環保是什麼樣的環保？一千多年來敦煌的環保以及現狀怎麼樣？這一點在敦煌文書裡有所反映，有的描述得很細，如某人打了多少柴、限制打多少柴、打多以後要怎麼處罰等等具體的內容。所以我認為敦煌文化體現了一種保護與積累文明財富，創造人類幸福的民眾願望和歷史要求。

敦煌文獻與西部開發
──在「敦煌與絲路文化學術講座」上的演講之一

　　大家好！非常感謝大家星期天來參加這個講座。首先我聲明一下，我不是什麼敦煌學家，更不是什麼著名的敦煌學家，我只是參加一點關於敦煌學的研究工作，這是首先需要說明的。其次需要說明的，我今天講的題目原先在浙江大學、北京大學和中國政法大學跟部分研究生講過，但是那個時候我講的內容跟今天所要講的不太一樣。雖然是同一個題目，但是我那個時候主要是從培養文獻學整理與研究的人才這個角度來講的。今天在國家圖書館講，我不清楚在座的對敦煌文獻了解的程度怎麼樣，所以還是想換一個角度來講。我想，關於敦煌，大家知道的已經不少，不管是去過的、參觀過的，還是通過看書、看展覽。上一講，中央美院的金維諾先生講了「敦煌藝術」，所以這方面我盡量地少講一點。今天我主要從三個方面來講：第一方面，講一講敦煌藏經洞的發現和敦煌文獻的流散。通過這裡面一些問題，談一些自己的認識；第二個問題是從敦煌文獻內容來看藏經洞的性質，想和大家一起做一點推測；第三個，是由此而引發的關於西部開

發的一些思考，一些問題，想提一些個人看法。

　　先講第一個問題，在講這個問題之前，我想可能會有很多人要問，為什麼有「敦煌學」這一門學問？大家都知道敦煌學是二十世紀初形成的一門國際性的綜合性的學問，它的形成和敦煌莫高窟藏經洞的發現有非常大的關係。我記得有一年中央電視臺東方時空的記者章偉秋女士，她在北大採訪我們幾個的時候就問：學者們說，已知莫高窟最早建窟的時間是西元三六六年，到現在已經有一千六百多年的時間，就在那戈壁綠洲裡屹立著呢，為什麼敦煌學卻只有一百年不到的時間呢？我回答說必須要和敦煌藏經洞的發現結合起來。陳寅恪先生曾經講過：「一時代之學術必有其新材料與新問題，取用此材料以研求問題，則為此時代學術之新潮流。……敦煌學者，今日世界學術之新潮流也。」（《陳垣敦煌劫餘錄序》）這話說得非常精闢，實際上講了三條。既然是一門新的學問，第一要有新材料；第二要有新的研究方法；第三要提出新問題來，這樣才能夠形成一門新的學問。敦煌學就是這樣一門新的學問。下面我就講藏經洞的發現。

　　有些人已經知道了，一九〇〇年農曆五月二十六（西曆 6 月 22日），在莫高窟後來編號為 16 窟的大窟裡面發現了一個小的洞窟，這個洞窟就是現在編為 17 窟的藏經洞。關於這個藏經洞的發現，有很多不一樣的說法。有的人說，是當時住在那裡，負責千佛洞管理的一個道士王圓籙，也就是王道士，他讓手下人清理洞前的積沙。因為莫高窟建在鳴沙山斷崖上，那時山上不斷有流沙被刮過來落到崖面，就把很多洞窟堵住了，所以要清理這個流沙。因為王道士主事的時候，雖然莫高窟已經很荒廢了，但是還是有些信徒來拜佛，逢年過節的時候也來做佛事活動。為了保持香火，他必須要清理這些洞窟。也有的人說，原來沙是擠壓住牆壁的，流沙一清，它失掉了外面的壓力，洞窟

外面的牆壁就有了裂縫。敲一敲，發現裡面是空的，把它打開，發現裡面有許多古代文獻，還有其他文物，這是第一種說法。第二種說法，是雇工靠在牆壁上抽菸，拿煙袋鍋敲敲，發現聲音不對；有的說發現裂縫，拿芨芨草（西北戈壁灘上的一種草）隨手一插，插不到底，很深，發現裡面有洞，就打開了。不管怎麼樣，在那一天藏經洞被發現了。這個發現是我們國家二十世紀初一個重大的文獻發現。我們知道，二十世紀初有四大文獻發現。一個就是莫高窟藏經洞的發現；一個是簡牘的發現，就在西北地區，像敦煌漢簡、樓蘭木簡這樣大量簡牘的發現；第三個就是甲骨文的發現，在河南安陽殷墟那一帶；第四個就是明、清的內閣檔案。當然這些發現都有些問題，比如說莫高窟藏經洞的發現，大部分文獻都流散出去了，甲骨、簡牘也流失不少。當然簡牘後來到二十世紀五〇、六〇、八〇、九〇年代又陸續有大量發現，藏經洞只發現了這麼一次。有人在想，莫高窟能不能再有第二個藏經洞啊？至少到現在為止還沒有發現第二個藏經洞，就這麼一個情況。內閣檔案，據說大量被化成紙漿了，被搶救出來了一部分。

藏經洞的發現有它的特殊意義，因為裡面裝滿了從西元四世紀到十一世紀初的大量古代文獻，而且絕大多數是寫本，是印本時代之前的寫本，它保留了大量的古代資料，是一個非常了不起的發現。藏經洞的發現，王道士是功是過，研究界有很多不同的說法。有人說，王道士發現當然是功勞，但是後來流散出去，他就有罪過了。也有人說文獻發現以後流散出去也不見得是壞事，甚至說，王道士還有一點功勞，這又是另一種說法，當然很荒謬。藏經洞的發現並不是偶然的。因為中國的西北地區，從地理環境上講，它離中原比較遠，人也比較少，相對來說，在那個時代文物古跡破壞得比較少，保存得比較多，這是一個特點。第二個，是地理特點，因為它屬於典型的大陸性氣

候，很乾燥。敦煌也好，新疆也好，它的地底下有很多的文物能比較好地保存下來。在南方，在中原地帶，一般都很潮濕，有很多東西根本不可能保留那麼長的時間。在敦煌、新疆就比較好，這是它的一個條件。敦煌藏經洞在一九〇〇年被發現，這一年還有一件大事，就是八國聯軍打進中國。那麼，我們就要看一看，為什麼說藏經洞的發現是必然的。十九世紀中葉，鴉片戰爭以後，帝國主義用堅船利炮打開了中國的大門。從哪兒打開的呢？首先是從東南沿海，開通商口岸。後來到了十九世紀六〇年代以後，帝國主義並不滿足這一點，他們把主要眼光放到了中亞地帶，不光是我們中國的西北地區，包括現在的哈薩克斯坦、塔吉克斯坦、吉爾吉斯斯坦，還有俄羅斯的一部分地區。從十九世紀六〇年代開始，大量的外國探險隊到中亞地區活動。為什麼要在那兒活動？就是因為中亞地區是古代「四大文明」的一個交匯地。哪「四大文明」呢？印度文明、希臘文明、伊斯蘭文明和中國華夏文明。我們看看地圖就知道，用季羨林教授的話來講，這四大文明唯一的一個交匯地，就是中國的西北地區，包括敦煌在內的。那麼，在這樣的「四大文明」的交匯之地，它必然有許多古代文物遺存下來。一方面，帝國主義列強他們學術界的人也要搞文化研究，搞文化開發，搞文化尋根，因為那一地區是對外文化交流的很好的一個通道，一個大舞臺。另一方面，中亞又是一個戰略要地。從十九世紀六〇年代開始，有兩個主要的國家——俄國和英國，在那個地區非常激烈地爭奪。我統計了一下（不完全的統計），從一八三六年到一九〇七年，藏經洞文物流散之前，大概是七十年的時間裡，有八個國家 108 個探險隊，到我們國家的西北地區，主要是新疆地區進行活動。這 108 個探險隊裡面，俄國四十五個，英國三十四個，法國十個，德國五個，瑞典四個，美國四個，日本三個，匈牙利三個。你想一想，這麼個地

方，這麼些年裡面，108 個探險隊連續地在那兒活動。僅一八六八年一年當中，就有俄國四個探險隊、英國四個探險隊在這個地區活動。他們活動的特點，據我分析：第一軍人居多，大部分是軍人，尤其是俄國的，什麼中尉呀，少校啊，上校啊，都是這些軍官。包括日本的探險隊，表面身分往往不是這樣，雖然軍人居多，身分往往不很明確，是軍界使用的人員，積極支持或者直接參與這個考察探險。第二，他們是以地理、地質考察為主；第三，大量地測繪、攝影，收集資料情報，伴隨著野蠻地發掘文物。這不是我說的話，是他們自己互相之間的攻擊。比如說，有些人到敦煌莫高窟粘了壁畫，割了壁畫，拿了文物，別的國家的人來了以後，就譴責前面的，說他們太野蠻了，特別野蠻，特別不像話，但他接下來做的並不比他前面的人文明多少，然後再來一個說前面的又很野蠻，實際上都是很野蠻的。為了說明這個問題，我可以舉一個例子。在清末的時候，許多到我們中國西北地區來活動的外國人，他們拿護照申辦的簽證幾乎都是「遊歷」，就是旅遊，都是以旅遊者的身分。我們知道，旅遊家怎麼可以到我中國來亂挖文物呢，這根本是不合法的。比如第一個拿走敦煌寫卷的斯坦因，這個匈牙利人後來加入了英國國籍。他從印度過來，先在中國的新疆地區活動，後來到了敦煌。他第一次進中國的時候，護照上寫的身分是考古學家。第二次應他自己的要求，他說我的這個身分還不行，那麼給了他另一個身份，上面寫著「英國總理教育大臣」，很奇怪，他突然變成「總理教育大臣」了，英國有沒有這個職務不知道，反正清政府聽說就給他寫上了，說有這個人到西北來活動。第三次的身分又變成了「印度總理教育大臣」，因為他當時在印度事務部工作。他不斷變換身分是有目的的，便於他活動。比如說日本大谷探險隊的主要成員橘瑞超，英國人、俄國人都堅持說他是間諜。一個說他是海軍軍官，

一個說是陸軍軍官，但他說自己身分是和尚，到底是和尚還是軍官呢，一直也沒有搞清楚。前些天一個日本記者來採訪我的時候，我就跟他說，過了八九十年了，你們日本應該首先公佈檔案，當時派的這些人，到底是什麼身分要搞清楚。

從十九世紀末到二十世紀初，在這麼一個背景下面，帝國主義列強為了控制中國這塊戰略要地，也為了搞他們文化的尋根，搞他們的資料開發，他們到中國西北來，藏經洞的發現是遲早的事。因為他們到處挖掘，那是很厲害的。從這一點上來講，我說它是必然的。第二方面，清代末年的腐敗。它不僅僅是中央王朝慈禧等人的腐敗，也已經表現到地方官吏的普遍腐敗無能，藏經洞的發現那是很典型的一個例子。藏經洞發現以後，清政府沒人管，有人打了報告，清政府仍採取一种放任的態度。最後實在不行了，把帝國主義分子拿完了以後剩下的這些東西押運到北京。在押運的過程當中，這些押運的官員自己就偷經卷，監守自盜。到了北京還要繼續偷，繼續盜，最後將剩餘的部分放到了北京圖書館。藏經洞的發現，敦煌文獻的流散，它是有必然性因素的。因為不管是帝國主義要搞經濟的、軍事的、政治的這些活動，還是要搞文化的開發，文化的尋根，中國的西部地區作為「四大文明」的交匯地，作為佛教、道教、景教、宣教、摩尼教和中國的儒家交融的場所，是最理想的考察地點。這在藏經洞裡的很多文獻都可說明。所以敦煌藏經洞的發現，有它的偶然性，也有它的必然性。

那麼，藏經洞裡到底有多少東西？具體數字說法不一，因為它流散了。比如說，一個卷子後來把它扯成四個，你到底算一個，還算四個呢？還有很多碎片，現在一個碎片是一個號碼，按號碼計算，藏在俄羅斯聖彼得堡的登記了一萬八千多個號碼，在北圖的大概超過一萬七八千個號碼，在英國光漢文的也超過一萬個號碼，在法國巴黎的號

碼雖然沒有那麼多，但實際上卷子的數量與質量都名列前茅。因此，目前只能按所編號碼來算，大概超過五萬個號碼。實際按卷子就很難說，總的說來，數以萬計吧！那麼，為什麼在藏經洞這個地方會放了數以萬計的古代寫本文獻呢？藏經洞為什麼封閉，藏經洞到底是做什麼用的？對此學術界一直有不同的說法，還有些爭議。應該說到今天為止還沒有得出最終結論，主要有兩種說法。一種是「廢棄」說，就是說藏經洞裡所放的這些東西，當然大量的是佛經，是寺院淘汰了的，沒有用處了，把它收拾起來以後堆在一起，就是廢棄掉的東西。當然這個說法最早是外國人提出來的，中國有的學者也提出自己的分析，認為這個說法還是對的。主要的根據是，莫高窟主要是佛教的洞窟，裡面有佛經，堆在那裡的都是不全的佛經，主要的完整的佛經沒有，可能是把多餘的不全的都堆在裡面了，順便還堆了一些別的東西。還有一種說法，說十一世紀開始，印本大量產生，因為大量的印本佛經代替了寫本，這樣把寫本就放在藏經洞裡面，這是一種說法。不管怎麼說，佛教有一種敬惜字紙的傳統，不能隨隨便便扔了，特別是作功德抄寫的佛經，就放在藏經洞裡面封閉起來。第二種說法是「避難」。「避難」說主要是根據莫高窟在十一世紀初發生了大事情來推斷的。因為目前所知在藏經洞裡發現的文獻最晚有紀年的大概是西元一〇〇二年（北宋咸平五年），再晚的沒有。這個時期發生了什麼事情呢？有人講，是西夏人打到敦煌來了。不知道大家看過日本作家井上靖寫的那部小說《敦煌》沒有？後來拍成了電影《敦煌》，就是根據這個小說改編的。西夏人打來了，敦煌人要逃跑，在逃跑之前就把這些東西收拾起來，堆放在洞窟裡面了，為了避難。隨著原來堆放的人死亡或者走散，這個洞窟就不為人所知了。因為在這洞窟砌上以後，又塗上了白灰，畫上了壁畫，所以說看不出來裡面有洞窟了，這是一種

説法。最近有另外一種説法，就是當時有個黑汗（喀拉汗）王朝，這個王朝是信伊斯蘭教的，它要滅佛。首先在西元一〇〇六年，它把新疆南部的于闐王國滅了。敦煌莫高窟當時曹氏政權與于闐國王結為親家，就有人到敦煌通風報信。莫高窟是佛教的一個陣地，這時大家很恐慌，就把佛教的這些東西封閉在洞窟裡面，藏起來了，這是一種説法。「避難」説要麼是避西夏，要麼是避黑汗王朝的難。當然也不否認，由於戰爭，由於當時西夏人攻進來（黑汗王朝最後沒有過來），西夏人最後攻占了敦煌這個地方，曹氏政權後來就衰落了。歷史上，從中央政府的文獻典籍裡面，從西元一〇二八年以後沒有見到關於曹氏政權的記載，藏經洞的封閉很可能跟曹氏政權的衰亡有關係。不管怎麼樣，是什麼原因封的，藏經洞到底是一個什麼性質呢？要是「廢棄」説成立，藏經洞就變成類似垃圾堆這種性質了。如果不是「廢棄」説，就有別的性質在裡面。這些年，學術界又提出一些看法，有的説是寺院的圖書館，有的説是瓜沙這個地方政權的圖書館。不管怎麼説，它是有連繫的，當然也有些別的説法。究竟怎樣看？當然我也想在進一步思考之後，再提出自己的一些看法，基本的我們還是應該從敦煌文獻本身入手來弄清藏經洞的性質，也只有這樣，才能了解藏經洞對我們今天開發西部有什麼啟發意義。這個問題我不知道講清楚了沒有。

我們怎樣看待莫高窟藏經洞的發現和藏經洞文獻的流散，剛才我講了一些大的背景，講了帝國主義分子他們對西北文物的搶劫偷盜，這是一個問題。關於敦煌學術問題，還是那句話：新的材料，新的方法，研究新的問題，這樣就能造成一門新的學問。敦煌學就是一門由中國和外國學者共同努力造成的這樣一門學問。這裡還有一個問題我必須強調一下，就是我沒有詳細地講那些「盜寶者」，他們是怎樣把藏經洞的文獻劫走的，大家可以去看很多的書，都有所介紹，斯坦因、

伯希和和後來俄國的鄂登堡、日本的大谷光瑞探險隊，還有其他一些，我就不詳細講了。他們劫走我們這些敦煌文獻，我們認為是非常野蠻的，完全是錯誤的。我主要提一點，就是這些年來炒得比較熱的一個問題，因為有一種說法，就是斯坦因寫了報告，說給了多少多少銀子，伯希和給了多少多少銀子，就是說這是買走的，是「公平交易」。我們提一個很簡單的問題，王圓籙是一個道士，他在敦煌這個地方住下來，因為沒人管，他就把莫高窟管起來了。莫高窟裡面的文物並不屬於王道士，大家知道文物是屬於國家的，就算王道士他想賣，他有資格賣嗎？很明顯，他沒有資格賣文物。第二個，文物也是不能買賣的，這一點斯坦因、伯希和他們心裡是非常明確的。我說一個例子，斯坦因第一次劫走那麼多敦煌文獻後給了五個馬蹄銀，他在日記裡面自白：其實一件文獻就不只這麼多錢。更何況他拿走了成千上萬呢？所以也不是等價的，而且他自己也說是捐給王道士做功德的。王道士有一個功德簿，也記著某年某月，某人捐的這些銀子。後來他第二次到敦煌，王道士還拿出這個本子來給他看，說你捐的這些銀子，我都做了什麼用了。這充分說明他不是在賣文物，根本不存在這買賣關係問題，這一點完全可以明確。第二方面，我們也應該肯定這些文物、文獻流散到英國、法國、俄國，後來他們保存得還比較好，我們現在在大英博物館圖書館，在法國圖書館，在俄國東方學研究所，還能看到這些東西，尤其在法國、英國保存得比較好，各國研究人員去看這些文獻也比較方便。我曾經跟他們講過，說你們的祖先偷了我們的東西，搶了我們的東西，這個賬決不能算在你們的頭上，那是你們的祖先幹的；而今天你們幹了好事，把珍貴的文獻保護好了，我們就應該表揚你們。但是，決不能反過來表揚當初的劫掠行為，這個道理很清楚。那也有人講，如果當時不拿走，留在國內也許全毀了，例如

「文革」就毀了許多文物。因此拿走也沒有錯，甚至有功。這種邏輯推理是非常不對的。比如一個小偷進了一戶人家裡面偷東西了，第二天這戶人家失火了，難道就能說小偷偷得好極了，要不就燒光了嗎？我們不能有這個邏輯，這是起碼的一個道理，更何況留在我們這裡也並非就保存不好。所以這個事情不能以現在這些文獻在其他國家保存的情況來判斷他當時拿這個東西的是非，而且我們搞文物考古的人都知道，一個文物離開了它原來的發掘地、出土地，它的價值就要大打折扣，這是很重要的一個問題，在國際考古學界也都認同。敦煌文物離開了敦煌，在研究上造成了很多的困難。我剛才講了一個文獻撕成了好幾塊，你現在還要到處去把它找回來去搞研究，去搞拼合！這個問題大家也是能夠理解的，我們要充分認識到敦煌文獻的重要性，也要認識到帝國主義掠取我們這些文獻的野蠻性。他們當時掠取文獻是很野蠻的，據說他們互相攻擊，當然被攻擊得最厲害的是日本人，說日本人的「發掘」是最不科學的，到一個地方挖一個地方，而且沒有任何的記錄。這是事實，看英國的、法國的、俄國的，他們做了很多工作，有日記，還有些測繪。據說日本人到一個地方挖一個地方，挖完了就走，沒有任何記錄，所以造成現在在日本的敦煌文獻是最亂的，除了存在圖書館、博物館裡面以外，相當一部分在私人手裡，而且在私人手裡的我們至今還看不到。現在在英國的、法國的、俄羅斯的，我們都能看到，也都有縮微膠片，或者有的已開始印成書了，在日本就沒有這一條。所以說帝國主義掠奪中國的文物，當時是以掠奪為目的的，而不是以保存為目的的，這個大家一定要明確，這是我個人的一些看法。

　　下面講第二個問題，就是敦煌文獻的內容。從敦煌文獻的內容來看藏經洞的性質。敦煌文獻的內容，總而言之可以這麼講，它包羅萬

象。它裡面有宗教的，大家知道有佛經、道經，還有其他宗教的文獻，像景教、祆教、摩尼教，這些都有。它也有政治的、軍事的東西，如有關邊防及戰爭的文書。經濟材料很多，比如說經濟文書，當時的田契，寺院籍賬，其他買賣契約，這些東西都有。歷史資料就不用說了，有很豐富的內容。地理的資料，比如當時的《沙州志》、《敦煌錄》、《西天路竟》等，區劃、古蹟、山川景緻、道路里程等等，裡面都有詳細的記載。語言方面的資料也是很多的，文字音韻訓詁，有許多可彌補傳世典籍的不足。文學寫本，既有傳世的經典，更有大量俗文學的作品。尤其像變文、曲子詞等，許多作品後來失傳了，在敦煌藏經洞裡面發現，就為我們研究中國古代文學提供了非常寶貴的資料。比如晚唐的時候有個詩人叫韋莊，他有一首很有名的詩《秦婦吟》，描寫了黃巢起義打進長安的過程。過去典籍裡面只留下幾句話，說韋莊有《秦婦吟》，只引了幾句，全文早已失傳，而在敦煌文獻裡有好多個寫本，現在把它連起來，就很完整了。這對我們研究唐末的文學和唐末的政治、經濟、軍事有非常重要的意義。科技的東西，比如天文、曆法、占卜，一些星象、星圖、曆書，也都有。還有醫藥的東西，有很多的醫書、醫方。音樂的東西，比如古代留下來的琵琶譜、曲譜，使我們今天去推知唐人、五代人當時是怎麼演奏的，它的音樂發展怎麼樣，已經有很多人在從事破譯的工作。還有舞蹈，除了我們在敦煌壁畫當中看到的舞蹈形象以外，在敦煌卷子裡面還有唐代的舞譜，就是唐人打令舞蹈程式、動作的字譜記錄，怎麼跳，這個是非常珍貴的，在傳世文獻中已經亡佚。體育我不說多的，就說收藏在英國的有《棋經》一卷，最早講述下圍棋的《棋經》，這卷《棋經》是非常完整的。我們知道最早的棋經是梁武帝時候的，這裡面也有梁武帝時候的東西，這對於研究中國的棋史有非常重要的價值。在敦煌卷子裡

面還發現有白描捽跤的圖像，在法國藏著。在科技方面還有別的，當然對此有不同意見。比如說算命或者堪輿學，學界也有認為可以放在科學的一個分支裡面，這有不同的說法。還有民俗的東西也很多，研究當時民俗民風的東西。敦煌文獻從內容來講，有宗教、政治、經濟、歷史、地理、語言、文學、科技、音樂、舞蹈、體育、民俗等等，可以說包羅萬象。因為這些東西是約四世紀到十一世紀這個時期的寫本，當時許多古代的東西別處都沒有了，就是它保存了下來，這個大家可以理解。從另一個角度講，敦煌文獻是用不同文字寫的。當然大量的是漢字，還有很多當時的少數民族文字。吐蕃文後來發展成藏文，回鶻文後來發展成維吾爾文，于闐文、粟特文、西夏文後來消亡了，還有古梵文就是古印度文。這麼多文字的寫本，在敦煌文獻裡面都是非常了不起的。剛才講到為什麼很多西方國家研究這個東西，這跟他們本身的文化是非常有關係的，他們自己缺少這方面的文獻。從文字學史來講，它是非常珍貴的。就拿少數民族文字來講，我隨便舉一個例子，比如粟特文裡面的佛典，有的是從梵文翻譯的，也有的是從漢文翻譯的；有一些漢籍如《尚書》、《詩經》、《論語》，也翻譯成少數民族文字了，可以看出當時中原與周邊少數民族的一些文化交流。更重要的還有一些雙語對照集，就是古代的字典。比如這個字粟特文怎麼寫，漢文怎麼寫，或者漢文怎麼寫，西夏文怎麼寫，它是對照的，還有些字母表，可以看出當時的文化交流，對語言學習是很重視的。再講到宗教，敦煌莫高窟是一個宗教的聖地，佛教當然是最主要的，但是它並不排斥其他的宗教。在莫高窟發現的宗教典籍，除了佛教以外，還有道教的，道教的卷子都抄得非常漂亮、非常規範，還有摩尼教、景教的東西（景教是基督教的一個派別），也有祆教的東西。它對這些不同的宗教文化是互不排斥的，是互相包容、互相學

習、互相吸收，它採取的是這麼一種態度。所以敦煌文獻的研究價值，通過剛才我簡單介紹的情況，我認為確實是非常值得我們注意的。另外，我們還要考慮，敦煌藏經洞發現的這些東西誰來用？很明顯，很多東西是寺院裡面用的，是和尚、尼姑他們用的。當然也有很多東西是一般老百姓用的，因為這裡邊有很多的世俗經濟來往的記錄，是一般老百姓在交往。還有好些東西是當時的瓜州、沙州統治集團用的，很明顯，裡邊有些公文。這就要講到藏經洞這些文獻到底做什麼用，因為裡面所反映的大量的還不是宗教活動，是世俗生活。所以，不管說它是圖書館也好，檔案庫也好，我們從裡面發現了一個很有趣的現象，在藏經洞的文獻裡面有相當一部分是當時學士郎抄寫的。什麼叫學士郎呢，拿今天的話來講就是學生。學生的身分就很複雜了，有和尚出家之前在這裡當學生的，有一般老百姓在這裡學習的，也有一定文化水平的人在這裡學習的，也有統治集團的子弟在這裡學習的。為什麼呢，我們發現了一些人的名字。這些人後來成為僧尼，但是也有後來成了統治集團中很有名的人物，比如說張議潮。大家知道張議潮是帶領起義軍收復敦煌的，這樣一個大的功臣，又是當地的統治者，他當學生的時候寫的作業在裡面發現，因為上面寫得很清楚：學生張議潮如何如何，哪一年哪一月，抄了一首《無名歌》。這是一個叫「無名和尚」寫的一首詩歌，留下了二十句，後面題款為：「未年三月二十五日學生張議潮寫」，這是什麼時候呢？據考證，大概是在張議潮十六歲時寫的，這首《無名歌》是寫當時當地民間疾苦的東西。因為張議潮在西元八四八年，在寫這個《無名歌》三十三年以後，帶領瓜、沙民眾起義，收復失地，跟唐王朝重新建立了連繫，所以我們說也有後來成了統治集團的這些人即貴族子弟在裡面學習，這就要講到敦煌的學校。我們從敦煌文獻裡面發現敦煌的學校有三種類

型。第一種是官學，就是官辦的，公家辦的。官學有各種類型，有州學、縣學、道學。還有專門的醫學，就是專門學醫的學校。還有伎術院，伎術院是學什麼的呢？就是學相面、占卜、看風水等等，當然也包括天文曆法這些東西，這都屬於官學的範疇。第二種是寺學，就是寺院辦的學校，這也應該引起我們的注意。我們知道在敦煌有好多寺院，現在有人從敦煌卷子裡面發現有十個寺院（如淨土寺、三界寺等）當時都辦有學校，這些寺學學的東西就很有意思了。僧人學習講「內學」和「外學」，所謂「內學」就是佛學本身的東西。「外學」就是佛教以外的文化知識。敦煌寺學不僅要學佛教的經典，抄些佛教的經籍，還要讀《詩經》、《論語》，還要學一些天文曆法，甚至還要學一些音樂、舞蹈，還要學習少數民族的語言。我們還發現了有些少數民族的僧人，到敦煌這個地方當學生，他要學漢字。他們用少數民族文字抄一些東西，還要用漢字，少數民族的文字寫得非常熟練，漢字則寫得非常幼稚，這說明他是少數民族寺院的僧人來學習漢語。我們在敦煌詩歌裡面發現，有少數民族的僧人在裡面講，他怎麼羨慕內地的文化，要到五臺山去朝聖。所以我們講，當初寺學的文化學習，它的文化修養是非常值得注意的。第三種就是私塾，把老師請到家裡來個別教，這個當然就不稀奇了，哪個地方都有，我就不講了。我認為，敦煌文獻跟寺學有相當大的關係。剛才我講了張議潮的作業，還有其他許多學士郎的作業，這說明他們小的時候，除了接受佛教文化教育以外，他們還接受其他許多方面的文化教育，不是單一的東西，這點我認為非常重要。我再舉一個例子。剛才講了學士郎抄了很多詩，這些詩歌有的是學士郎為默寫寫的，有許多著名詩人的詩，李白、杜甫、白居易呀，要時常默寫。為什麼說是默寫呢？因為寫得很糟糕，落字、錯別字很多。第二個是他們互相傳抄的東西，像打油詩。第三個

是他們自己創作的詩歌，是習作。他們要學習，要做功課，每天要抄什麼東西，不光是抄經了，他們還要抄法律文書，要教他們怎麼寫，還要教他們寫信。我們知道在敦煌藏經洞裡面還有大量的「書儀」，什麼叫「書儀」呢？就是如何寫信的儀規、範本。比如說，你給你的父親、母親寫信應該怎麼寫，給兄弟姐妹、朋友寫信應該怎麼寫，都有格式規定。春天怎麼寫，夏天怎麼寫，秋天怎麼寫，這裡面它都有，這些和尚也要學習寫信。古今學生的心態都是一樣的，有的學著學著就學煩了，抄著抄著抄煩了，他就自己來一首打油詩，自嘲或互相嘲諷，甚至諷刺師傅。就像我們今天的學生在書上亂畫一樣，「今日寫書了」，「恆日筆頭干」，筆都抄幹了，於是便如何如何，發一通牢騷。也有好學生，說我要堅持學習如何如何，這樣的詩歌很多。比如我隨便舉一首詩，法國伯希和 2622 與 3441 卷中有這樣一首：「白玉非為寶，黃金我未須。〔意〕竟千張數，心存萬卷書。」白玉、黃金呢，都不是我必須有的東西，我要抄完一千張字，我的心裡就可以存下一萬卷的書，就是我有知識了。這首詩，在好幾個卷子裡面發現，但字跡不太一樣。好像敦煌一個學士郎在抄書，他在抄的時候表示他的一種志向，寫的一首打油詩。但是很有意思，二十世紀七〇、八〇年代在長沙發現了一個瓷窯，出土了好多碗，瓷碗上有很多唐詩，寫在碗上燒出來的，居然有若干首詩和敦煌卷子裡面的基本上是一樣的，其中就有我剛才念的這首詩。那麼，我們就可以看出一些現象來。過去學文學史，說唐代是詩歌的黃金時代。唐代的詩歌非常繁盛，傳播得也非常之快，大都是舉白居易的例子，說白居易的詩很普及，市井婦孺皆會誦讀。今天我們知道，敦煌一個普通學士郎隨便抄的詩，不是在長沙也發現了嗎？一九六九年，在新疆吐魯番阿斯塔那古墓出土過一個《論語》的抄卷，是一個叫卜天壽的學生抄的，當時郭沫若先生寫過一

篇文章，也引了「寫書今日了」這首詩，還大大發揮了一通。其實，我們在敦煌卷子裡也發現了很相似的一首詩。後來，在長沙出土的瓷器上也發現有類似的詩。到底是新疆的詩傳到敦煌，還是敦煌的詩傳到新疆？是敦煌的詩傳到長沙，還是長沙的詩傳到敦煌？說不清楚！當然有一點是可以明確的，說明即使是這樣的打油詩，在唐代流傳都非常廣，可見唐代的詩歌創作是多麼繁榮，老百姓對詩歌是多麼喜歡。我只是隨便舉這麼個例子來說明一下，我們研究唐詩的是否可以從中得到一些啟發呢？

剛才我講到，敦煌藏經洞出土的這些文獻，它的內容我只能概要地介紹。剛一開始我就強調了，敦煌學是一門綜合性的學問，它涉及的東西太多，大概沒有一個學者能把敦煌的所有東西都搞透，我也只是從一點點了解的方面給大家做些介紹。從這一方面，可以看出敦煌藏經洞文獻的價值所在。我們今天有一句很時髦的話，講現在是信息時代。那麼，我想信息時代的標誌是信息的快速傳播，它有它新型的存貯與傳播手段，於是地球就成為一個「村」了。我們反過來講，千百年前像敦煌這樣一個地方，我們是否可以考慮它的信息是怎麼保存下來的，它的信息又是怎麼傳播的，這個問題是很值得我們考慮的。再回到最前面，敦煌這個地方是絲綢之路上的一顆明珠，它是東西交通很重要的一個重鎮，當時它有很高的歷史地位。我們在藏經洞發現的文獻信息，今天應該很認真地去分析、去研究，挖掘出對今天有用的東西來。下面我就要連帶講到第三個問題：對當代西部開發的啟示問題。這個問題純粹是我個人的一些想法，不對的地方請大家批評。因為我不可能把藏經洞的文獻講得很多，當然我想，有些問題通過我講的內容大家可以去思考。

我們要進行西部大開發，其實西部開發不是我們今天才提出來

的。大家知道，最早要開發中國西部的不是我們，是帝國主義，這個問題大家一定要明確。他們開發的目的跟我們不一樣，他們是要掠奪，要發展他們的東西，早在十九世紀後半葉，他們就已經開始關注我們的西部地區。我們什麼時候開始關注的？我剛才講了清政府的腐敗，實際上新中國成立以後，我們對西部還是做了很多工作的。像我本人是二十世紀六○年代大學畢業的，後來自願去了新疆，在新疆工作了十年。在新疆天山南北，像我們北京很多有名的大學，北大、清華、師大、人大、政法，都有大量的五○、六○年代畢業的大學生在那裡工作。比如說，光羅布泊附近的地區，就是我們最早的原子彈試驗場，據說在那裡的清華大學的畢業生有好幾百位，默默無聞地在西部奉獻著青春與智慧。只是我們當時還沒有大張旗鼓地去宣傳、去關注它。在新的歷史條件下，現在我們提出來西部開發，這是對的，但是我們搞西部開發，我講的第一條就應該吸取歷史的教訓，注重文明開發。帝國主義當初到我們西部地區來，他們是野蠻發掘。我們今天開發必須注意保護我們的自然環境，必須注意保護我們的人文資源，這一點是非常重要的。這些年，我也是不斷地去西北，我看到一些情況，我覺得是很值得我們深思，就是我們決不能急功近利。比如說旅遊開發，不知道在座的有沒有去過吐魯番的？吐魯番有個很有名的千佛洞，叫柏孜克里克。這個千佛洞有很多非常漂亮的壁畫。在帝國主義入侵的那個時代，比如說德國的探險家，他們把許多很好的壁畫都割走了，當然沒有來得及掠奪走的還很多。可是留下來的情況又怎麼樣呢？我去過幾次，反正每一次去看，都覺得越來越糟糕。一九八一年，我曾在《人民日報》發表過一首小詩，呼籲救救新疆庫木吐拉千佛洞，庫木吐拉千佛洞有很多很精彩的壁畫。有些比敦煌壁畫的時代還要早一點，另外，跟古希臘的藝術連繫得更多一些，但是，由於當

地要建「東方紅水電站」，就在洞窟前面那條河上搞了個大水壩。水壩一建，水位就提高了，我們知道，千佛洞它的岩石都是很鬆散的，水位提高，水一上去，洞窟就泡塌了，底層的壁畫幾乎全部被破壞了。當時呼籲過這個問題，後來他們也想了一些辦法，在窟前築攔水壩等等，但是基本上無濟於事。當然還有人在那裡放羊，到洞裡亂刻胡畫，真叫人痛心！聽說最近在庫車地下又發現一個大的蓄水層，水位很高，如果盲目開發，後果不堪設想。所以說，我們要開發西部，如果不注意保護自然環境，就會受到懲罰。剛才我講的那個柏孜克里克，現在你們去看，柏孜克里克旁邊就是火焰山，傳說是《西遊記》裡唐僧取經路上孫悟空借芭蕉扇扇滅火焰的那個地方。本來這是很好的一個地方，是特殊的自然環境。結果在那兒搞了一群塑像。什麼塑像呢？唐僧、孫悟空、豬八戒的塑像，造得非常難看。造塑像當然要用錢了，如果有這些錢，把那個洞窟保護保護不行嗎？我再隨便舉個小例子，比如敦煌那個月牙泉，月牙泉是一個著名的自然景觀了，因為它周圍是沙山。原來月牙泉旁邊有一塊綠地，有廟有樹。月牙泉永遠不會枯竭的，因為它是泉水。而周圍沙山刮的那個風很奇怪，風是迴旋地往上打轉，沙子是往上刮，絕不會刮到泉水裡去。一個月牙形的小湖非常漂亮。可是在五〇年代，說當時附近種糧食需要水，就把那個地方的廟也拆了，樹也砍了，然後用機井抽池中的水去澆那個地，月牙泉也就慢慢淤塞枯竭了。現在我們看到的月牙泉比原來的面積大概小了將近一半，剩下很小的一灣。最近在想辦法補救，恢復它原來的面貌，但這就很困難了。所以我說西部開發，保護自然環境很重要。剛才講到西部特色的主要自然環境，比如說樓蘭。大家知道，這幾年樓蘭熱，熱得很厲害。甚至我們的中央電視臺也帶頭去搞樓蘭的考古、探險等等的炒作。還有些外國遊客，尤其是日本遊客，出於

好奇、獵奇之心，以到樓蘭一遊為榮，於是有的旅行社就搞什麼羅布泊探險，就搞什麼樓蘭之旅，以為到那個地方就可以亂挖亂揀了。所以樓蘭的遺址，據說破壞得也很厲害，弄不好還會讓盜寶者鑽了空子。有很多的東西，它一千年、兩千年、三千年都保留下來了，如果我們今天不注意，一朝一夕就可以把它破壞掉，很容易。所以我講我們大西北的開發，絕不僅僅是要挖一點石油出來，絕不僅僅是要修一條鐵路，當然這些都很重要。我們自然資源與人文景觀的開發，怎麼能關注這一點，對大西北的開發非常重要，這是我的一個想法。

再講到人文資源，這裡面還有一個想法，就是連繫我剛才講的敦煌寺學的問題。前幾天報紙登了，國家強調基礎教育問題。那麼，敦煌藏經洞所發現的東西，能不能給我們一點啟發呢？我認為是可以的。我們今天的基礎教育，不管是中小學教育，還是大學教育，甚至更高的研究生教育，我認為基礎教育永遠都是非常重要的。據我所了解的情況，這些年來基礎教育不是加強了，而是削弱了。我隨便舉個例子，前兩個星期，我在南開大學參加了兩個博士生的答辯，完了以後跟他們座談了一下。因為這些年來，我們陸續看到不少博士生的論文，應該說這些博士生很用功，論文寫得很不錯，但是裡面有一個問題，就是基礎知識的東西現在是越來越薄弱。後來我就跟他們講，當然帶有半開玩笑的性質，如果我改變一下我們博士論文的答辯方式，你們贊成不贊成？他們說，怎麼改變？我說，我不怎麼改變，就把你們的論文裡面所引用的古代資料拿出三段來，第一，你們講一講，這些資料的版本來源，第二，你們把這些古人的資料翻譯成白話文。如果你們都能及格了，那麼繼續討論論文。如果這個都不能及格，這個論文就不能通過。他們怎麼說？他們說，可不能這麼做，如果這麼做我們就全完了。這個問題就說明，基礎教育確實是很重要的。為什麼

我要提出這個問題，因為前不久有幾位研究生要到我們出版社工作，我就用考校對的題目考了他們一下，題目很簡單，第一道題，我隨便寫了一個句子：中華書局是一個什麼什麼樣的出版社，是簡體字的。我說你們把它轉換成繁體字。結果不少字都改不出來，繼承的「繼」，遺產的「產」，傳統的「傳」，我們的博士生都不知道這些繁體字是怎麼寫的。我們並不要求大家都要寫繁體字，因為我們現在推行簡化字，但是你們都是歷史系的碩士、博士生，如果你們不知道繁體字，你們怎麼去看歷史文獻？如何編輯出版古籍？除了這個以外，我們應該不應該從敦煌文獻裡面了解一下自然科學知識，應該不應該知道一些做人的基本道理？下面我就舉一個例子，比如敦煌文獻裡面有一大部分東西叫作「啟蒙讀物」，有三大類。第一類是識字類，識字兼普及基礎知識，如《千字文》、《百家姓》、《開蒙要訓》這些東西。第二類是時用雜字，即日常要用的這些雜字，編寫者把它們寫出來，供世人使用的，當然還有些是俗字，還有些經濟類的，裡面也有綜合性知識。比如有一本叫《隨身寶》，是學生可以隨身帶的，從裡面可以查到許多知識性的東西；還有些歷史性知識的東西，比如《古賢集》、《蒙求》，那裡面就是把古代賢人、歷史故事編成詩歌，來供學士郎背誦學習。有的是類書，像《兔園冊府》、《勵忠節抄》。還有一大類是思想教育類的讀本，如《太公家教》、《武王家教》、《嚴父教》等，專門教育和尚的《辨才家教》，還有專門講教育女子的書。我認為，棄其糟粕，取其精華，對今天來說，有些東西還是非常有用的，特別是講道德修養的讀物。這些啟蒙書，它的知識性是很廣的。比如說有的就是教自然科學知識的，天為什麼是圓的，地為什麼是方的。天圓怎樣，地方如何，一個知識、一個知識地去解釋。因為我在西北工作了十年，我知道今天西北的基礎教育還是很不夠的。所以我們這個基礎教育，不

僅是一般文化課的基本知識，包括對文化的了解，對文化交流的重要
性的了解，這點是非常重要的。多年來，在西北生活的人經常有一句
口頭語，說我們那裡離中原地區遠，消息閉塞，比較保守落後，如何
如何。有一年，我們敦煌學會在蘭州開會，有一位甘肅省的領導就
講，我們西北很閉塞。後來我在會上就講，剛才這位領導講西北閉
塞，我認為不應該是這樣，甘肅是絲綢之路的必經之地，像河西走廊
這樣的要道，過去是消息最靈通的地方，為什麼今天就閉塞了呢？今
天比過去應該交通更發達，信息更靈通，交流更頻繁。敦煌這個地方
到十二世紀以後，基本上就荒廢了，跟當時的中央政府管不著有關
係，明代以後更是鞭長莫及，再加上宗教信仰的改變等等。敦煌莫高
窟這個地方，當時的那個自然環境跟現在有不一樣的地方，肯定是要
好一些。要不然，你想想，怎麼養活這麼多的和尚和每年那麼多的朝
拜的信眾。前些年我們去旅遊還覺得比較困難，這些年改善多了。幾
年以前莫高窟地區才有甜水喝，以前則又苦又澀，連洗頭都洗不成。
當時不會是這樣的。可見敦煌這個地方的自然環境，一千年來被破壞
得很厲害。看來我們對歷史上的敦煌，還很不了解。所以我想西部地
區的開發，基礎教育非常重要。尤其是我們西部地區住的好多少數民
族，對少數民族青少年一代的基礎教育，我認為這些年來儘管有加
強，仍是比較薄弱的一個環節。我在新疆也教過一些少數民族學生，
讓他們了解一個民族的生存和發展與其他民族的生存和發展是緊密相
關的，是分不開的，一個民族的文化不是孤立地存在，它必須要和其
他民族文化交融，它才能發展，這是個最起碼的道理。我們從敦煌、
新疆很多地方發現這個問題，在西元七、八、九世紀那個時候，新
疆、敦煌為什麼這麼繁榮，它跟文化交流有很大的關係。它不閉塞，
不保守，什麼都能融入，這個非常好。所以開發西部就要拋棄狹隘的

民族觀點，或者狹隘的功利觀點，這從長遠來看是非常有好處的。我對我的一些維吾爾族學生講過，我說你們民族九至十三世紀出過許多偉大的科學家、文學家，為什麼後來出得少了呢？有人經常提出來要政府照顧，考大學、評職稱、提拔幹部都照顧。照顧少數民族是應該的，需要幫助、扶持它的發展，但是更重要的是促進它的自強、自立、自尊，另外還要認識到和其他民族文化交流的重要性。現在少數民族中有許多有識之士已經認識到，一味的照顧可能會毀掉一個民族的蓬勃生機。另外，尊重少數民族的宗教信仰是重要的，但是也不要去攻擊、排斥別的宗教。我剛才講了，在敦煌這個地方，各個宗教是相互包含的，是互相融合的，沒有互相排斥的東西，這是很值得我們借鑑的。我講的是宗教，當然不是宗教文化，宗教文化就更應該交流了。這個問題，必須要很認真地來對待。

所以我覺得基礎教育、人文精神、道德建設這些問題都和西部開發有非常密切的關係。我們並不排斥先進的科技，當然我們如果一味地依靠先進的科技，而忽視了人的道德修養，忽視了人文精神，那麼這個先進的科技有時候不但起不到好的作用，反而會起壞的作用。這個問題現在已經有些教訓了，好像以為有一個先進的科技引進來就行了，比如我們在南疆地區開發石油，石油當然是國家重要的物資了。但石油開發出來，你必須要有一個全國一盤棋的精神，新疆地處內陸，必須鋪設相當長的輸油管道，把石油運出去，必須要進行加工。這要靠全國的人力、資金、技術，才能把這個地區搞富強。如果石油開發出來沒地方用，然後老百姓都去搶石油，駕著毛驢車運石油，那就不行了。環境破壞了，人的思想境界沒有上去，資源也浪費了。所以我認為這個問題很重要，這是第一個問題。第二個問題，跟剛才講的有關係，就是加強交流的問題。加強交流並不簡單，我們知道西部

地區是一個有特色的地區，我們加強交流的目的不是破壞這個特色，而是繼續保留和發展這個特色，這一點非常重要。因為我感到遺憾的是，我在新疆工作了十年，這些年再回去看新疆，新疆好像跟別的地方沒有什麼區別了。這是好還是不好，大家可以好好考慮這個問題。我認為當然是有好的一面，不是一概都不好，但也有好多弊端。因為西部地區有它的特色，如果你把它的特色消滅了，對長遠的發展並無好處。如果喀什那個地方也到處盡是高樓大廈，跟上海一樣了，那叫什麼喀什？要旅遊就到上海去旅遊好了，還到你那兒旅遊幹什麼。當地還有許多自然景觀，有人文特色的資源，有自己特色的資源都應該把它保存下來，這是西部開發的多樣性問題。到敦煌各個洞窟去看壁畫，你會看到很多多樣性的東西。你去看榆林窟的壁畫，也是多樣性的東西，它絕不只是一個東西的翻版。比如我寫過一篇小文章講到，意大利文藝復興時期的東西，英國莎士比亞時期的東西，當然很好很精彩，但也仍然有多種風格的藝術百花齊放。到巴黎羅浮宮參觀，大家排隊去看蒙娜麗莎，但如果牆上掛的全是蒙娜麗莎，就一點味道都沒有了！當你進博物館看到的全是蒙娜麗莎，就會興趣索然。敦煌壁畫也是一樣，西部開發也是一樣。我們在開發西部的時候，要看到它的多樣性，一定要注意它有不同的特色。同樣都是西部，重慶、敦煌、烏魯木齊、喀什、和田、拉薩也在西部，都有不同的特色，這一點我覺得我們在了解敦煌文獻當中，是不是能受到一點啟發？只有多樣性，才能有魅力，才能有生命力，才能有持續發展的前景。還有一個問題，就是人才問題。剛才我講了很多古代的敦煌是怎樣培養人才的。我們今天當然不能完全像古代敦煌那樣培養人才，那麼我們是不是可以從中得到些啟發呢？像敦煌有本地和尚，也有外來僧人，相處融洽，取長補短，都做出了貢獻。今天我們把幹部派到新疆去，派到

西藏去，除了有支援教育的一方面，還有另外的一方面。我們要把先
進的東西帶去，實際就是要促進那裡的工作，促進那裡的發展。那麼
不管是本地和尚，還是外來和尚，我們都有一個自身提高的問題，都
有一個人才使用與培養的問題，我感到這是一個很大的問題。這幾
年，我看到些宣傳，各行各業都要支援大西北，各高校也不是在動員
嗎，希望自己的畢業生，畢業以後主動地去新疆、去西藏、去甘肅，
也有一些年輕人踴躍報名去的，但我認為那不是本質問題。如果講去
的話，現在去的人恐怕遠不如五〇年代、六〇年代多。這裡年齡大一
點的可能知道這個問題。像我是北師大畢業的，我在新疆教書的那個
中學裡面，光我們北師大畢業的就有七位。北大的也有，南開的也
有，一個普通新疆的中學裡面，它就有很多內地重點大學的很多畢業
生，還有研究生。青海更多，在青海的各個中學裡面，我們北師大畢
業的校友更多。不是我們有沒有去，主要是去的這些人怎麼使用，怎
麼樣培養他，這是非常重要的問題。大量老大學生放在那裡不好好
用，又號召年輕的碩士、博士去，總讓人覺得不是味道。還有一種傾
向是強調引進，卻又忽視了當地人才的培養使用。各種人才在西北，
你怎麼樣能夠發揮他們的特長，培養出一批複合型的人才，為開發大
西北建功立業。我剛才講的敦煌的人才，像張議潮這些人，他們就是
複合型的人才。他不光學佛經，他還得懂音樂，會舞蹈，有天文曆法
知識，還要學少數民族文字。當然他也不是什麼都懂，但是都要學一
學。我們讀敦煌的歷史文獻，可以知道敦煌當地就有非常傑出的人
才，都是在文化交流這個大背景下，敦煌自己培養出來的。像著名書
法家張芝、索靖，天文學家翟奉達，政治家、軍事家張議潮等，都是
敦煌當地培養出來的。一個地區的發展，引進人才當然重要，但更關
鍵的是要通過引進人才來培養當地的人才，這樣才能真正徹底地解決

人才短缺的問題。古代敦煌尚且注意到這一點，何況我們今天呢？所以我想，我們開發西北還要立足於下功夫培養本地人才，這也是非常重要的一個方面。我講的當然是我的一些聯想，從敦煌藏經洞發現的文獻內容，想到這些問題，提出來供大家參考。

今天因為時間有限，就先講這些。關於藏經洞的很多問題，西部開發的許多問題，大家也許希望了解，我都沒有講，留了半個小時的時間，歡迎大家提出問題來，凡是我能回答的，我就回答，好不好？謝謝大家！

「瀚海」辨

一

　　「瀚海」（一名「翰海」）這個地名，首先見於司馬遷的《史記‧衛將軍驃騎列傳》：「驃騎將軍去病率師，躬將所獲葷粥之士，約輕齎，絕大幕（漠），……封狼居胥山，禪於姑衍，登臨翰海。」自後，儘管人們還沒有弄清「瀚海」的本來意義，而「瀚海」這個名詞，兩千多年來卻以各種不同的含義大量出現在史籍和文學作品中了。同時，關於「瀚海」的注釋也是眾說紛紜，莫衷一是。有的說：「翰海，北海名也。」（裴駰引如淳注），因「群鳥之所解羽，故云翰海。」（司馬貞引崔浩注）可是，實際上霍去病所到之處，離北海（貝加爾湖）尚遠；而且，既是湖泊，「登臨」二字就很費解。有的認為，瀚海即戈壁、沙漠。然而，「按班史前云絕大幕，後云臨瀚海，則瀚海非今之戈壁矣。」（范壽金《西遊錄略注補》）這個反駁當然是十分有力的。到了元代，又有人根據在西北邊疆的親身見聞，斷言：「今之所謂瀚海者，即古金山也。」（劉郁《西遊記》）但他們對「瀚海」的得名由來及其地理方位仍說不清楚，很難確解。

　　已故岑仲勉先生在一九五八年改定《自漢至唐漠北幾個地名之考定》一文，對於「瀚海」的地理和意義，曾經旁徵博引、精細考辨，努力撥除望文生義的迷霧，確定元人劉郁的解釋符合實際，並認為「瀚海」是譯音，即「杭海」、「杭愛」，是阿爾泰山的支脈。他根據突厥語的「日」（kün）、「月」（ai），推測「瀚海」的發音（khangai）可能由「日月」的並讀（kün-ai）變化而成（kün-ai→khänai→khan-gai），所以「瀚海」可能即是「日月山」。他在文章最後下了結論：

　　抑翰海之稱，傳於漢世，其後竟寂寂無聞，逾千百年，迄元乃復傳於中國，論者或以為怪。殊不知匈奴時以全山著，故曰翰海，突厥時以高峰著，故曰「於都斤」，元世南北大通，由是兩名皆並聞於中國，觀夫唐代不聞有同樣譯音之地，元乃有之，益足征翰海之為山而非海矣。[1]

　　到此，問題並沒有最後解決。新出版的《辭海》在採納岑先生考證的同時，根據各時代著作中「瀚海」這個詞的不同含義，認為它的「含義隨時代而變」：兩漢六朝時是北方的海名；唐代時是蒙古高原大沙漠以北及其迤西今準噶爾盆地一帶廣大地區的泛稱；元朝時是阿爾泰山；明以來用以指戈壁沙漠。實際上，由於對「瀚海」的本來意義並沒有真正搞清，這個結論仍然是不科學的，有漏洞的。例如，《史記》中的「翰海」作北方海名解就講不通，一些元人著作中提到的幾處「瀚海」的地理方位也相差很遠，仍然使人感到困惑。

1　岑仲勉：《中外史地考證》（外一種），中華書局 1962 年版，第 71-72 頁。

二

　　至於講到唐代，長期以來，大家認為唐代文學作品中的「瀚海」即指戈壁灘或沙漠地區。似乎文學家們都這麼寫，這麼用，大家也就這樣看，這樣理解，從來沒有人懷疑過。誠然，唐人許多作品中「瀚海」確實是指戈壁沙漠，如高適的《燕歌行》：「校尉羽書飛瀚海，單于獵火照狼山」，皇甫冉的《送客》：「城下春山路，營中瀚海沙」，劉方平的《寄嚴八判官》：「洛陽新月動秋砧，瀚海沙場天半陰」，等等。但是，難道就沒有別的含義的用法嗎？放過疑點並不等於沒有疑點。請看，唐代著名的邊塞詩人岑參的代表作《白雪歌送武判官歸京》中有這樣兩句：「瀚海闌干百丈冰，愁雲慘淡萬里凝。」各種選本的注釋無一例外地寫著：瀚海，指沙漠。百丈冰，說明冰雪之厚。

　　仔細一想，「沙漠裡橫七豎八地覆蓋著百丈堅冰」，這是一種什麼景象呢？實在難以想像，難以講通。

　　在岑參七十餘首邊塞詩中，還有一首題為《陪封大夫宴瀚海亭納涼》的詩。詩中寫道：

軍中乘興出，海上納涼時；日沒鳥飛急，山高雲過時。

　　這是詩人在北庭治所（今吉木薩縣）寫的。北庭南面橫亙天山，北為曠野，「瀚海亭」不在水上，可以斷定。若是講在戈壁沙漠中有一座亭子，在炎熱季節到那裡去擺宴席、乘風涼，也不可理解；何況「山高雲過時」明明寫的是高山景象。

　　問題這樣明白地擺在我們面前，僅僅用「岑參好奇」、「想像奇特」來解釋，顯然是說服不了人的。

　　詩人用他自己的詩為我們提供了解開疑團的線索。《白雪歌》最後四句：

輪臺東門送君去，去時雪滿天山路。山回路轉不見君，雪上空留馬行處。

分明寫的是在巍巍天山下送友東歸的情景。庭州輪臺在今吉木薩縣以西三百餘裡處，靠近天山北麓。這就說明了詩中的「瀚海」與山有著緊密的關係。

詩人還有一首《天山雪歌送蕭治歸京》，可以說是《白雪歌》的姐妹篇。詩中詳盡地描述了天山雪景，其中有這樣兩句：

晻藹寒氛萬里凝，闌干陰崖千丈冰。

這和「瀚海闌干百丈冰，愁雲慘淡萬里凝」多麼相似啊！這就等於更清楚地暗示我們：「瀚海」與「陰崖」是很接近的！

岑仲勉先生利用民族語言來考訂邊疆地名，路子是正確的。但他只注意設法去對證「日月山」的突厥語讀音與「瀚海」的近似（其實 künai 與 khangai 區別很大），又斷言「唐代不聞有同樣譯音之地」[2]，這就好像在打開了迷宮的第一道大門之後，卻不留神又關上了一道重要的小門。岑參的詩啟示我想到：「瀚海（杭海、杭愛）」這個譯音，應該另有更準確的含義和可信的來歷。

三

我在維吾爾語彙中找到了答案。原來，維吾爾人習慣將陡峭的山崖形成的陂谷叫做 hang（音「杭」），將陂谷的幽靜處稱為 hang hali（音

2　唐李泰等所著《括地誌》云：「瀚海在流沙大磧西北數百里，東南去長安五千三百里。」（見《括地誌輯校》卷四）宋樂史的《太平寰宇記》卷一九三也寫到「北則渡沙漠窮瀚海，南則臨大磧」，也是將瀚海與流沙大磧、沙漠區別看待的。

「杭海爾」），或將山谷背陰處稱作 hang hiro（音「杭海洛」），略去尾音，均可譯成「杭海」或「翰海」。我去請教維族學者，他們認為這種稱呼是從古代突厥語傳下來的。多用於日常口語，書面語一般不用，所以新編的《漢維詞典》沒有收進，這真是件憾事。

現在可以確定「瀚海」一詞的本義與來歷了：兩千多年前，居住在蒙古高原上的突厥民族稱高山峻嶺中的險隘深谷為「杭海」。霍去病率大軍登臨峻嶺險隘，聽當地居民稱之為「杭海」，遂以隘名山，後又將這一帶山脈統稱為「杭海山」、「杭愛山」，泛稱變成了專有名詞。《史記》中譯寫成「翰海」，注家或望文生義，將它解作海，或妄加臆測，後來又將錯就錯，使它變成了戈壁沙漠的統稱。（蒙語稱沙漠為 Gobi——「戈壁」，維語則稱為 Sahra——「撒哈拉」。）然而，本來意義的「瀚海」，並沒有從維吾爾口語中消失，千百年來居住在西北邊疆的維族人仍然將一些險峻的山隘叫作「瀚海」。這個情況，古代許多只在漢字字形、字義上打圈子的學者是不了解的，那些缺乏邊塞實際生活體驗的詩人也是不知道的。而像岑參這樣久歷邊塞、熱愛邊疆、讚賞少數民族文化的詩人卻很清楚。因此，他在自己的詩中寫上了本來意義的「瀚海」。「瀚海闌干百丈冰」，正是寫的峽谷背陰的百丈山崖上冰雪交錯覆蓋的壯麗景色。「瀚海亭」，也即是建立在陂谷陰崖上的烽亭。[3]

---

3 考古工作者曾發現過這種山谷烽亭遺跡。新疆拜城縣東北喀拉達克山麓博者克拉格山口西側岩壁刻有《龜茲左將軍劉平國治關刻石誦記》，記述了東漢桓帝永壽四年（158）7 月 26 日，劉平國派六名工匠在溝內「作亭」，七日完工，因而刻石紀念。刻石附近，至今留有石亭遺址。這種天山亭障，地處隘谷，形勢險要，在軍事上、交通上均有重要意義。由此亦可推見唐時天山北麓也一定築有類似的山谷烽亭。（關於《劉平國治關刻石》可參見王炳華《從出土文物看唐代以前新疆的政治、經濟》一文。）

現在再來解釋元人一些著作中寫到的不同地點的「瀚海」，就比較好理解了。

耶律楚材《西遊錄》中寫道：

> 自金山而西，水皆西流，入於西海。……金山之南隅有回鶻城，名曰別石把。有唐碑，所謂瀚海軍者也。瀚海去城西北數百里，海中有嶼，嶼上皆禽鳥所落羽毛也。城西二百餘里有輪臺縣，唐碑在焉。[4]

如果剔除其中摻雜的所謂海嶼禽鳥落羽的穿鑿附會之說，我們仍可以判別文中所述的「瀚海」方位正在北庭故城以西的庭州輪臺附近。（別石把，即別失八里 Bish balik，回鶻「五城」之意，唐時以其地為北庭都護府治所，開元中置瀚海軍，故址在今吉木薩縣北二十里護堡子古城處。）這正是岑參寫《白雪歌》時居住、活動的地帶。

劉郁《西使記》寫道：

> 自和林出兀孫中，西北行二百餘里，地漸高。八站[5]，經瀚海。地極高寒，雖酷暑雪不消。山石皆松文。西南七日，過瀚海。……數日過龍骨河，復西北行，與別失八里南以相直。

這裡的「瀚海」，在別失八里以東，但仍與北庭南緣的天山相關。劉郁自己講「瀚海」即古金山。而吉木薩東南一帶的天山峻嶺，古代就稱

4　向達校注本《西遊錄》，「中外交通史籍叢刊」《西遊錄　異域志》，中華書局1981年版，第2頁。

5　「八站」《漢西域圖考》誤作「入站」，此據岑仲勉《自漢至唐漠北幾個地名之考定》一文校改。

為金嶺。（參見《新疆圖志‧道路志》所引資料。）這就又可以證明，北庭附近的天山峽谷，確實是可以稱為「瀚海」的，在此置瀚海軍「名」出有因。至於在這一「瀚海」上建立的烽亭裡納涼，也可以找到一點旁證。《宋史‧高昌傳》中講王延德在太平興國七年（982）出使到高昌時，「師子王避暑於北庭」，延德即應邀從交河天山南麓金嶺口入山，度金嶺到北庭遊憩。大概北庭南緣的天山北麓向來就是避暑勝地，所以，比王延德出使時早二百餘年的封常清在這裡的烽亭中納涼也是完全可能的。

關於岑參詩中庭州輪臺的確切位置，儘管考古學家們還沒有最後落實，我們似乎也可以從「瀚海」這個名稱的本義來推測清代蕭雄判定的方位大致不錯。他在《西疆雜述詩》自注中講：「古輪臺，在北路阜康縣西六十里，今設黑溝驛處也。跨博克達山之麓，勢踞高坡，遠能眺望。」這不正是維吾爾語意中十分標準的「瀚海地帶」（hang hali）嗎？而且「阜康縣西六十里」，也與《西遊錄》、《長春真人西遊記》中講輪臺在北庭西二三百里處基本相符。

我認為，對「瀚海」本義的考定，掃除兩千多年來在這個重要地名上籠罩的迷霧，不僅有助於辨識古代詩文中「瀚海」的不同用法，幫助我們正確理解這些詩文，而且對於繼續考辨其他一些邊塞地名以及研究史料甚少的匈奴語言，恐怕也會有一定的意義。

（1980 年 4 月）

「胡蘆河」考

　　在岑參的邊塞詩中，有一首《題苜蓿烽寄家人》：「苜蓿烽邊逢立春，胡蘆河上淚沾巾。閨中只是空相憶，不見沙場愁殺人。」此詩與王維《寒食汜上作》頗相仿[1]，本文暫且不論。李嘉言先生在《岑詩系年》一文中將此詩歸為岑參至德二載（757）立春所作，我曾從之；今細考詩中地名，則知不然。

　　苜蓿烽確指何處，現無確鑿資料可查。而「胡蘆河」一名，查唐代典籍，則至少有以下五處。

　　1.《新唐書・地理志》引唐貞元宰相賈耽《四夷路程》：「安西西出拓厥關，渡白馬河，……至小石城，又二十里至于闐境之胡蘆河。又六十里至大石城，一曰於祝，一曰溫肅州。」溫肅州（Ush-Turfan），即漢溫肅國，今新疆烏什縣治。可見這條胡蘆河即南疆阿克蘇河之支流托什干河（Taushkan-daria）。

1　王維《寒食汜上作》：「廣武城邊逢暮春，汶陽歸客淚沾巾。落花寂寂啼山鳥，楊柳青青渡水人。」

2. 慧立《大唐大慈恩寺三藏法師傳》卷一：「從此（瓜州）北行五十餘里，有瓠蘆河，下廣上狹，回波甚急，深不可渡，上置玉門關，路必由之，即西境之襟喉也。」[2]這條瓠蘆河，即指今甘肅省玉門、安西鎮一帶之疏勒河。清代又稱窟窿河，因發源於土胡蘆溝，即名胡蘆河。[3]

3. 李吉甫《元和郡縣誌》：「蔚茹水在蕭關縣西，一名胡蘆河。」這條胡蘆河，發源於寧夏固原縣六盤山區，匯流入渭河，今稱瓦亭川水。（也有將它説成發源於六盤山區的黃河支流清水河。）

4. 敦煌 P.2511 寫本《諸道山河地名要略》殘卷（唐韋澳撰）「蔚州・興唐郡」條下載：「瓠㿲河，即漚夷河也，在興唐縣界，此河上槽狹，下槽闊，有似瓠㿲，因以名之也」。此河即今山西、河北交界的桑乾河支流壺流河。

5. 《舊唐書・劉仁軌傳》載：高宗咸亨五年（674）「東伐新羅，仁軌率兵徑度瓠蘆河，破其北方大鎮七重城」。據《通鑑》胡三省引注，此瓠蘆河在今朝鮮境內。

岑參開元二十九年游河朔時沒有到過蔚州，在新疆時也未涉足阿克蘇河流域，一生中更無朝鮮之行，故《題苜蓿烽寄家人》詩中所寫斷非上述 1、4、5 處之胡（瓠）蘆河。然而，2、3 處之疏勒河、蔚茹水，他兩次西使赴邊及東還均可經過。因此，要確定詩中所寫胡蘆河究指何處，就必須根據此詩寫作的具體時間——立春，並結合考辨詩人兩次經行這兩條胡蘆河的時間，加以判斷。

詩人首次經河西走廊赴西北邊塞是在天寶八載（749）秋[4]，當時詩

2　據日本昭和七年十月東方文化學院京都研究所影印本引文。

3　參見《西域圖志》卷二十四：「水一・安西南路」。

4　參見聞一多：《岑嘉州系年考證》，《唐詩雜論》，第 116-117 頁。

人寫有《經隴頭分水》、《暮秋山行》等詩。據《歲暮磧外寄元撝》詩中「別家逢逼歲」、「發到陽關白」句，可知他於當年十二月下旬到達瓜州、沙州一帶；又據《玉關寄長安李主簿》云「玉關西望堪腸斷，況復明朝是歲除」，可知天寶八載除夕詩人正在玉門關。八載冬至在是年農曆十一月初五（749 年 12 月 22 日），由此可推算出立春在農曆十二月二十日（750 年 2 月 5 日）或前後一天。[5]其時，岑參尚未到達玉門關，當然也談不上渡疏勒河了。可見《題苜蓿烽寄家人》詩並非寫於八載冬末立春時。

天寶九載（750）十二月，安西節度使高仙芝引兵偷襲石國；十載春，高「入朝，獻所擒突騎施可汗、吐蕃酋長、石國王、揭師王」。[6]岑參亦於九載末離疆東行至涼州（武威）。其時，他有《寄宇文判官》詩云「二年領公事，兩度過陽關」，可證明此行。天寶九載冬至在農曆十一月十五日（750 年 12 月 21 日），立春恰在十載正月初一（751 年 2月 4 日）。因此，此時詩人東渡疏勒河、作《題苜蓿烽寄家人》詩是極有可能的。而這一年詩人經蔚茹水回到長安則是在夏天，距立春甚遠了。

天寶十三載三月岑參任安西、北庭節度判官，隨封常清第二次赴西北邊塞。他的《發臨洮將赴北庭留別》作於三四月間；五月封常清出師西征時，他已在北庭，六月寫有《北庭西郊候封大夫受降回軍獻上》一詩。可見立春胡蘆河詩非作於是年。

至德元載（756）冬，岑參離疆東歸。此時安史之亂已發生了一年

5　據陳垣《中西回史日曆》推算，下同。

6　見《大慈恩寺三藏法師傳》卷一：「（玉門）關外西北又有五烽，候望者居之，各相去百里，中無水草。……唯五烽下有水。」據馮其庸先生告知，苜蓿烽今仍在唐玉門關遺址附近。

多，玄宗入蜀肅宗數次徵兵安西、北庭。我推測很有可能詩人這次是隨西域援兵直奔陝西的。此次詩人到達玉門關的時間是在十二月初，這有《玉門關蓋將軍歌》為證。此詩寫當時管轄玉門軍的河西兵馬使蓋庭倫，詩中有「臘日射殺千年狐」句；而《資治通鑑》卷二一九載：至德二載正月「蓋庭倫與武威九姓商胡安門物等殺節度使周佖，聚眾六萬」。可見岑詩當時寫於至德元載十二月蓋庭倫未叛時。至德二載立春在正月初八日（757 年 2 月 5 日）或前後一天，此時岑參早已過疏勒河、離玉門關了，卻又未臨蔚茹水，大概正逗留在酒泉、涼州一帶。因為其時詩人有《贈酒泉韓太守》詩云：「辭君走馬歸長安。」《通鑑》卷二一九亦載：至德二載「正月，上聞安西、北庭及拔汗那、大食諸國兵至涼、鄯」。「二月，戊子，上至鳳翔。……旬日，隴右、河西、安西、西域之兵皆會。」可見此次詩人渡蔚茹水應在農曆二月。肅宗於二月初十（戊子，757 年 3 月 4 日）到達鳳翔，岑參即隨軍渡蔚茹水直奔肅宗行在，十日之內就趕到了鳳翔。聞一多先生《岑嘉州系年考證》講至德二載「二月，肅宗幸鳳翔，公亦旋至。」是可信的。

　　據上所述，我認為《題苜蓿烽寄家人》一詩當作於天寶十載（751）立春詩人首次東歸途中，詩中的胡蘆河即唐玉門關附近的疏勒河。這樣，苜蓿烽也可能即是《大慈恩寺三藏法師傳》中所述瓠蘆河西北五烽之一[7]。詩人東歸，故先敘苜蓿烽，後述胡蘆河，符合歸途所見次序。

　　岑參這首詩創作時間和胡蘆河地名的考定，也有助於我們正確理解岑參在天寶九載寫的邊塞詩的思想內容。《岑嘉州集》中所存九載詩作不僅數量少，而且格調低，愁情怨緒溢於言表。這是由於詩人抱著

7　見《資治通鑑》卷二一六，並參見《冊府元龜》卷三五八。

「萬里奉王事，一身無所求」的愛國激情赴邊，但當時邊塞的現實卻使他陷於矛盾與苦悶。尤其是高仙芝用欺詐、偷襲等手段肆意殺戮、掠奪少數民族的殘暴、貪婪行為[8]，引起了詩人的憂慮與不滿。但是，作為一名小小的幕掌書記，他又無能為力，只能寄愁苦、悔恨之情於詩中，嘆息著「西行殊未已，東望何時還」，「悔向萬里來，功名是何物」！這與他第二次赴疆時寫的許多高亢、激奮的詩格調迥異。而《題苜蓿烽寄家人》詩寫於十載立春，它所顯示的悲愁情調，當然也正好與寫於九載的那幾首詩彼此吻合了。

（1980 年 1 月）

8　《資治通鑑》卷二一六載：天寶九載二月，高仙芝「破揭師，虜其王勃特沒」。十二月，「偽與石國約和，引兵襲之，虜其王及部眾以歸，悉殺其老弱。仙芝性貪，掠得瑟瑟十餘斛，黃金五、六橐駝，其餘口馬雜貨稱是，皆入其家」。

輪臺、鐵門關、疏勒辨

一、輪臺

「輪臺」一名，起於漢代，《史記》作「侖頭」。《漢書·西域傳》載：「自貳師將軍伐大宛之後。西域震懼，多遣使來貢獻，漢使西域者益得職。於是自敦煌西至鹽澤，往往起亭，而輪臺、渠犁皆有田卒數百人，置使者校尉領護，以給使外國者。」又曰：「輪臺西於車師千餘里。」這個輪臺，與烏壘、渠犁，均在今新疆輪臺縣境內，突厥語名「布古爾」（Bügür）。唐代亦有輪臺縣，縣名雖導源於漢輪臺，縣址卻在天山北麓庭州境內。據《唐書·地理志》載，唐輪臺縣始置於貞觀十四年（640）。它的確切位置，由於各種史籍所記自庭州治所至輪臺道裡不一，又缺乏具體記述與考古發掘，因而至今難以判定。更有不少唐詩注家將天山南北相距一千多里的漢、唐輪臺混為一談，造成誤解，真可謂「失之毫釐，謬以千里」了。

岑參邊塞詩寫及輪臺的有十四首，大多作於他在北庭任職期間。由於他當時在輪臺居住了兩年多，詩中對輪臺的地理位置、物候做了真實、生動的描述，如：

異域陰山外，孤城雪海邊。秋來唯有雁，夏盡不聞蟬。雨拂氈牆濕，風搖毳幕羶。輪臺萬里地，無事歷三年。（《首秋輪臺》）

輪臺東門送君去，此時霧滿天山路。山回路轉不見君，雪上空留馬行處。（《白雪歌送武判官歸京》）

說明唐輪臺位於天山北麓（「陰山外」）雪海附近，城東靠近天山山坡，多游牧民族的氈牆毳幕等，這對我們考辨唐輪臺方位極有參考價值。

近年來，新疆史學界開始注意探尋唐輪臺的地理位置。有一種觀點是從語源學著手，認為輪臺即今烏魯木齊；另一種觀點則認為從地名上看，兩者無關係，但唐輪臺可能在今烏魯木齊附近。考古工作者曾提請我注意今烏魯木齊北邊米泉縣的「破城子」遺址與烏魯木齊以南烏拉泊水庫附近的一處古城遺址，因這兩處遺址均處在唐代西州──庭州的交通幹線上。一九七九年八月、一九八〇年九月，我兩次去烏魯木齊──吉木薩一帶作實地考察。烏拉泊附近的古城城牆保存較完好，但城內已無遺物可尋，據說並未正式發掘過。這一帶地勢較高，似與岑詩詩意欠合。米泉破城子遺址在「古牧地」境內，範圍較大（清代蕭雄《西疆雜述詩》曾有詳細指述），據當地百姓講時有古物出土（其中不乏「唐錢」），它位於天山北支博格達山北麓西側、準噶爾盆地的「北沙窩」南緣，其地勢較低，岑詩中「雪海」，有可能即是北沙窩雪原的泛稱，故而牧草豐盛；它又處於由伊州（哈密）──庭州（吉木薩）──碎葉的交通要道上，從多方面分析與岑詩詩意較合。故我傾向於該處即為唐代輪臺遺址。

二、鐵門關

鐵門關又名鐵關，在岑參詩中多次出現。有一篇研究岑參詩的文章講：

鐵關是鐵門關的簡稱。《唐書・地理志》：「自焉耆西五十里，過鐵門關。」又《明史・西域傳》：「撒馬爾罕，渴石城西，有石峽。兩岸如斧削，其口有門，色如鐵，番人號為鐵門關。」天山之麓的鐵門關，是通西域的雄關。……詩人寫詩的年代，安西都護高仙芝就曾率軍反擊大食（阿拉伯地區）的侵略，在這些地方日夜鏖戰。（見張莊文：《新疆大學學報》1978 年第 2 期）

這裡，文章作者並沒有去查對《明史》原文和仔細研究所引史料的具體內容，結合岑參的具體描寫來確定岑詩中鐵關的位置，而是用了「通西域的雄關」、「在這些地方」等似是而非、含混不清的詞語將兩個各不相干的鐵門混為一談了。（無論從哪個意義上來講，鐵門都不是內地通向西域的關隘。）

西域有兩個鐵門。最早介紹中亞鐵門的，是唐玄奘的《大唐西域記》。書中說從羯霜那國「東南山行三百餘里，入鐵門」，「鐵門者，左右帶山，山極峭峻，雖有狹徑，加之險阻，兩傍石壁，其色如鐵，既設門扉，又以鐵錮，多有鐵鈴，懸諸門扇，因其險固，遂以為名」。唐開元十九、二十年間（731、732）樹於回紇牙帳的突厥文《厥特勤碑》（kul-teqin）也曾三次提到西征遠至鐵門。此外，關於中亞鐵門還有以下的記載：

史，或曰佉沙，曰羯霜那，居獨莫水南，康居小王蘇薤城故地。……南四百里吐火羅也，有鐵門山，左右巖峭，石色如鐵，為關以限二國，以金錮闔。（《新唐書・西域列傳》）

鐵門峰壁狹峭，而崖石多鐵礦。依之為門扉，又鑄為鈴，多懸於上，故以為名。即突厥之關塞地。（《大慈恩寺三藏法師傳》）

（渴石）西行十餘裡，饒奇木，又西行三百里，大山屹立，中有石峽，兩崖如斧劈，行二三里出峽口，有石門，色似鐵，路通東西，番人號為鐵門關，設兵守之。（《明史・西域傳》）

中亞鐵門關的故地在阿姆河北、撒馬爾罕南，今蘇聯烏茲別克南部傑爾賓特西約十三公里處。但是，岑參在西域四年多，並未到過阿姆河流域，他的《題鐵門關樓》、《宿鐵關西館》等詩，其實都寫於安西都護治內焉耆附近的鐵門（且稱東鐵門）。

關於東鐵門的記載，最早見於《晉書・四夷傳》。其記焉耆國云：「張駿遣沙州刺史楊宣率眾疆理西域，宣以部將張植為前鋒，所向風靡。軍次其國，熙距戰於賁侖城，為植所敗。植進屯鐵門，未至十餘里，熙又率眾先要之於遮留谷。」其他比較可信的記述尚有：

自焉耆西五十里過鐵門關。（《新唐書・地理志》）

焉耆城南二里海都河，又六十八里至「紫泥泉驛，舊名阿勒噶阿璊。維語『哈勒噶』謂『道路』，言地當山口，即古鐵門關也」。（《新疆圖志・道路志三》）

今自庫爾勒北二十里至岩口，所謂遮留谷，入山，徑路崎嶇，三十里越大石嶺下，逼海都河，地處要害，或置關也。唐岑參有《題鐵門關樓》及《宿鐵關西館》詩。（徐松《西域水道記》）

岑參的《題鐵門關樓》作於天寶十四載，詩云：「鐵關天西涯，極目少行客。關門一小吏，終日對石壁。橋跨千仞危，路盤兩崖窄。試登西樓望，一望頭欲白。」從關門設有唐驛館，小吏以及詩中的具體描述來看，這個鐵門關就是東鐵門，在今庫爾勒北哈滿溝孔雀河入谷處。一九八〇年夏，我曾從庫爾勒出發，步行去鐵門關考察，認為岑參詩中的關門當位於今鐵門關水電站與水庫之間。

岑詩中寫到鐵關的還有幾處：

1. 「北風夜卷赤亭口，一夜天山雪更厚。能兼漢月照銀山，復逐胡風過鐵關。」（《天山雪歌送蕭治歸京》）赤亭（Chiqtim），又稱齊克塔木（Chiktam）、七克騰，唐代在此設有守捉，在交河東二百餘里。（今蘭新鐵路七克騰站在鄯善站東十四公里處。）銀山，即銀山磧，唐代在此設有驛館，在交河到焉耆途中，又稱庫米什、庫木什。《新唐書·地理志》：從西州交河郡「至天山西南入谷，經礛石磧，二百二十里至銀山磧，又四十里至焉耆界呂光館」。《大清一統志》：「庫木什阿克瑪山在哈喇沙爾東。回語謂『庫木什』，銀也；『阿克瑪』，積而不散之謂，即《唐書》所謂銀山磧也。」岑詩中寫西北風東南刮，自赤亭過銀山磧，再過東鐵門，十分自然。

2. 「繚繞斜吞鐵關樹，氛氳半掩交河戍。迢迢征路火山東，山上孤雲隨馬去。」（《火山雲歌送別》）這裡寫送人東歸，遠望煙雲繚繞，從東鐵門延展到交河，又到火焰山以東，生動地反映了想象中友人經過幾個大站東歸長安的情景。

3.「昨日新破胡，安西兵馬回。鐵關控天崖，萬里何遼哉！」（《使交河郡》）此詩作於天寶十四載秋，封常清西征及攻播仙勝利之後。唐朝大軍從播仙回師安西，必須經過東鐵門；得勝後邊防鞏固，東鐵門為西域險隘，故曰「鐵門控天崖」。

由此可見，岑詩中的鐵門關，均指今庫爾勒以北的孔雀河入谷處，而不在中亞。至於講高仙芝「反擊大食」時曾鏖戰於鐵門關一帶，也根本不合事實。高仙芝於天寶六、七載數征勃律，戰場均在中亞鐵門東南千里處（今克什米爾與喀喇崑崙山之間），其時岑參尚未赴西域。天寶十載，高曾攻怛邏斯城，與石國、大食聯軍作戰，大敗而歸。但怛邏斯故城在藥殺水（今錫爾河）北、熱海西，離兩個鐵門均有千里之遙，其時岑參正在涼州。事實上，岑參寫《題鐵門關樓》等詩時，高仙芝早已不在西域了。

三、疏勒

天寶十三載（754）三、四月間，岑參從臨洮出發去北庭時，作《發臨洮將赴北庭留別》詩云：

> 聞說輪臺路，連年見雪飛。春風曾不到，漢使亦應稀。白草通疏勒，青山過武威。勤王敢道遠？私向夢中歸。

這裡的「疏勒」，許多辭典、地名資料都只有一種解釋，即南疆喀什噶爾（Kashgar）一帶（如《辭海》、馮承鈞《西域地名》等）。中華書局最近出版的《岑參集校注》也據此而注為：「安西四鎮（龜茲、疏勒、于闐、碎葉）之一，在今新疆維吾爾自治區疏勒縣。」並且認為詩中是寫「輪臺之地，白草西連疏勒，青山東通武威」。這就搞錯了。因為細玩詩味，岑參是在著力描述從臨洮至北庭輪臺的「路途」及其

風物，因此十分妥帖地用了「通」、「過」、「歸」等動詞。如果將詩中的「疏勒」作南疆疏勒解，從臨洮赴北庭的「輪臺路」就很難理解了。

其實，新疆境內有兩個疏勒，岑參詩中的疏勒在北疆北庭都護治內。《後漢書・耿弇列傳》記載，漢明帝永平十八年（75），耿恭守疏勒城，為戊己校尉，屯後王部金蒲城（即唐庭州後庭縣），匈奴北單于遣左鹿蠡王二萬騎擊車師，殺後王安得，攻金蒲城。耿恭乘城搏戰，匈奴解去。「恭以疏勒城傍有澗水可固，五月，乃引兵據之」。七月，匈奴復攻疏勒、擁絕澗水，恭於城中穿井得泉，堅守到建初元年（76）正月始獲救。《資治通鑑》卷四六敘述救恭之時，「酒泉太守段彭等兵會柳中，擊車師，攻交河城」，「車師復降」，「耿恭軍吏范羌，時在軍中，固請迎恭。諸將不敢前，乃分兵二千人與羌，從山北迎恭，遇大雪丈餘，軍僅能至」。漢車師前國，王治交河城（今吐魯番交河故城）。漢車師後國，王治務涂谷（即唐北庭故城，今吉木薩縣城北）。救耿恭的軍隊在柳中（今吐魯番魯克沁）會合，先攻占交河，然後由范羌率二千人翻越天山，到疏勒城迎接耿恭。可見，這個疏勒城就在天山北麓的北庭治內。對此，胡三省有一段很好的注解：

此疏勒城在車師後部，非疏勒國城也。據《西域傳》，疏勒國去長史所居五千里，後部去長史所居五百里，耿恭自後部金蒲城移據疏勒城，其後范羌又自前部交河城從山北至疏勒迎恭。審觀本末，則非疏勒國城明矣。（《資治通鑑》卷四五注文）

《唐書・地理志》講輪臺以東一八〇里有耶勒城守捉，又講唐高宗顯慶二年（657）破阿史那賀魯後，在北庭都護府治內增設了馮洛州、輪臺州、叱勒州等都督府。看來，這個耶勒城或叱勒州治所，就是耿

恭所守的疏勒城，也正是岑參詩中的疏勒，它位於北庭輪臺以東，金滿以西。這樣，「白草通疏勒，青山過武威」詩句正形象地反映了詩人從臨洮出發，經武威、疏勒到北庭輪臺的歷程，同時也為北疆疏勒的存在和唐代輪臺的方位提供了佐證。

（1981 年）

「桂林」、「武城」考

　　岑參《與獨孤漸道別長句兼呈嚴八侍御》詩首句云：「輪臺客舍春
草滿」，又云「奉使三年獨未歸」。詩人於天寶十三載（754）春初至北
庭任安西、北庭節度判官，迄十五載恰歷三春，可見此詩當作於天寶
十五載（756）春。詩中又云：「桂林蒲桃新吐蔓，武城剌蜜未可餐。」
唐庭州輪臺在今烏魯木齊附近，所述「桂」、「武城」二地名則不見於
史籍地誌；然言「蒲桃」、「剌（刺）蜜」，則可推知兩地均應在吐魯番
盆地西州境內。

　　「桂林」當為「洿林」之誤。

　　查《太平廣記》卷八十一引《梁四公記》載䫄傑公辨識高昌國特
產事：

　　高昌國遣使貢鹽二顆，顆如大斗，狀白似玉。干蒲桃、剌蜜、凍
酒、白麥麵，王公庶士皆不之識。……經三日，朝廷無祇對者。帝命
傑公迊之。謂其使曰：「鹽一顆是南燒羊山月望收之者，一是北燒羊山
非月望收之者。蒲桃七是洿林，三是無半。凍酒非八風谷所凍者，又

以高寧酒和之。刺蜜是鹽城所生，非南平城者。白麥麵是宕昌者，非昌壘真物。」使者具陳實情，面為經年色敗，至宕昌貿易填之。其年風災，蒲桃、刺蜜不熟，故駁雜。……帝問傑公群物之異，對曰：「……蒲桃，洿林者皮薄味美，無半者皮厚味苦。……洿林酒滑而色淺，故云然。……」

文中所述洿林、無半、高寧、鹽城、南平、宕昌、昌壘均是高昌國城鎮名。洿林見《梁書・高昌傳》載，無半見《大慈恩寺三藏法師傳》載，南平見《新唐書》載，昌壘即高昌國都城，宕昌似即今托克遜。洿林當為高昌國特產葡萄、葡萄乾、葡萄酒的著名產地，故岑詩云「蒲桃新吐蔓」。馮承鈞先生曾推測洿林在哈喇和卓（karakhoja，即高昌故城）之南、艾丁湖（aidin-köl）附近。然《梁四公記》講無半與洿林蒲桃品質迥異，艾丁湖附近多為鹽鹼沼澤地，對葡萄生長不利；而據《大慈恩寺三藏法師傳》所述，無半城在托克遜以東，離艾丁湖不遠。因此，我推測此洿林當在今吐魯番縣城以北的交河故城到葡萄溝一帶。岑參從輪臺出使交河、安西治所龜茲都可途經此地，獨孤漸離輪臺經交河東返長安亦應途經此城，因此岑參將它寫入詩中是很自然的。

「武城」，亦為高昌縣城名。二十世紀初，英籍匈牙利人斯坦因（A.Stein）曾在吐魯番高昌故城以西阿斯塔那（Astana）古墓地盜得唐《西州高昌縣武城城主范羔墓誌》碑，碑文如下：

神功貳年臘月戊戌朔貳拾捌日景丁西州高昌縣武城城上輕騎都尉前城主范羔之靈正月貳日亡春秋七十有四殯埋武城東北四里恐後歲月奄久子孫迷或不分今立此至後憑所依神功貳年臘月貳拾捌日葬

岑仲勉先生在《吐魯番一帶漢回地名對證》一文中曾按曰：
「《朔閏考》聖曆元（即神功二）年臘月癸巳朔，非戊戌。」其實，
聖曆元年（698）即戊戌年，「戊戌」二字乃記年之干支，撰志人或刻
石者錯置於「臘月」二字之後，遂成此誤。

去年九月，我又在新疆博物館見到阿斯塔那出土之《張海伯墓誌》
碑，碑文如下：

貞觀十九年十一月朔乙丑滿七日辛未口高昌縣武城鄉六樂里張海
伯者高昌人也春秋六十有七殯葬斯墓也

由此可證，「武城」鄉名至遲當始於唐貞觀十四年（640）平高昌、
重建郡縣之時，而且一直到天寶末年岑參在輪臺寫詩之日，這個城名
依然是十分出名的。武城的位置，據《范羍墓誌》所載，當在阿斯塔
那古墓地西南四里處。而阿斯塔那古墓地的位置，據斯坦因所測是在
亦都護城（即高昌故城）西北約二英里半（約八華里）處，即今三堡
村附近。因此，武城應位於高昌故城以西十華里左右處。馮承鈞先生
在《西域地名》中認為阿斯塔那即唐之武城，這是不確切的。

至於「刺蜜」，為高昌交河特產，除前引《梁四公記》所述外，見
諸他籍所載不少，如：《魏書·高昌傳》：「有草名羊刺，其上生蜜，而
味甚佳。」（《周書》、《隋書》及《冊府元龜》所載同。）又，李吉甫
《元和郡縣誌》卷四十「隴右道西州·貢賦」條：「開元貢氈毛、干葡
萄、刺蜜。」其左「前庭縣」條又云：「交河，在縣西高昌國，土良沃，
穀麥一歲再熟，出赤鹽，其味甚美。澤間有草，名為羊刺，其上生
蜜，食之與蜂蜜不異，名曰刺蜜。」

據《梁四公記》所述，地域不同，羊刺草生長形態有別，刺蜜蜜

色、味亦不相同：「南平城羊刺無葉，其蜜色明白而味甘；鹽城羊刺葉大，其蜜色青而味薄。」岑參詩又言及「武城刺蜜」，可見吐魯番地區刺蜜品種之多。唯「羊刺」之「刺」字，有的書上寫成「剌」（là），故有人亦推測此「羊刺」即維吾爾人所謂「Yalok」，疑為沙磧中生長之駱駝刺草。（維語又將荊棘稱之為「Yatok」，音頗相近。）然查《岑嘉州集》幾種版本，《與獨孤漸道別長句》詩均鐫作「武城剌蜜」，「剌」為「刺」之異體。可見推「羊剌」為「羊刺」並不可靠。

高昌城鎮之數，諸史記載不一，至今無確論，如《魏書》云八，《周書》云十六，《隋書》云十八，兩《唐書》云二十二，《元和郡縣志》云二十四，《通典》云三十二，《梁書》云四十六。馮承鈞先生認為似應以二十二為準，他曾考定了其中十五城：高昌、交河、田地、高宇、臨川、橫截、柳婆（娑）、洿林、新興、由寧（田寧）、始昌、篤進、白刃（白力、白棘）、南平（無半）、安昌。然據前引《梁四公記》，除南平與無半實為兩城外，尚有宕昌、鹽城二城。前幾年從吐魯番出土的唐代高昌文書中又有案化、太平、寧戎、寧大、寧昌、順義、安西七城（鄉）名，再加上武城，則共有二十六城，除卻高昌、交河兩縣名，為二十四鄉，恰與《元和郡縣志》所述相合。《元和郡縣志》成書於元和八年（813），離天寶末年僅五十餘載；其作者李吉甫久任宰相，諳熟當時圖籍，且其父李棲筠天寶年間亦曾任安西節度判官、行軍司馬，所以，他的敘述應當是比較可靠的。

（1981 年）

胡旋舞散論

　　胡旋舞是古代西域的著名舞蹈，經絲綢之路傳入中原後，到唐代曾風行一時。「胡旋」，不僅在唐開元、天寶年間近半個世紀中「盛行不衰」，就是直到今天在新疆地區少數民族舞蹈中還富有生命力；它不但對中國舞蹈的發展起了積極的作用，而且對其他一些文藝樣式（如文學、繪畫）也頗有影響。對於我們這樣一個自古以來就由多民族組成、具有豐富文化遺產的國家來講，堅決摒棄民族偏見，努力搜尋資料，進一步深入研究少數民族文藝以及各民族之間的文化交流，是一個十分重要的課題。對於胡旋舞的研究，即是這個課題的內容之一。因此，本文打算綜合筆者所接觸到的胡旋舞資料，提出一些粗淺的看法，以求教於從事舞蹈史研究的學者及廣大讀者。

　　一

　　先談談胡旋舞從西域傳入中原的年代。

　　唐代大詩人白居易寫過一首《胡旋女》詩，詩題下小序說：「天寶末，康居國獻之。」詩云：「胡旋女，出康居，徒勞東來萬里餘。」元稹《胡旋女》詩亦云：「天寶欲末胡欲亂，胡人獻女能胡旋。」有的研

究者即據此講:「案胡旋舞出自康國,唐玄宗開元、天寶時,西域康、米、史、俱密諸國屢獻胡旋女子,胡旋舞之入中國,當始於斯時。」[1]

對此,歐陽予倩先生在一九五九年曾提出問題:「『胡旋舞』,是不是在康國進胡旋女以前,在胡漢雜居的地方就已經有了呢?」[2]我以為,答案應該是肯定的。

自古以來,中國各民族之間的文化交流一直相當頻繁。據有些典籍記載,先秦時「諸夷之舞」已陸續進入中原。王子年《拾遺記》中說:燕昭王即位的第二年(前310),廣延國來獻善舞者二人,一名旋波,一名提謨,她們跳起舞來「徘徊翔轉,殆不自支」;其中有一舞稱作「集羽」,「言婉轉若羽毛之從風也」。(見《太平御覽》卷五七四)我推測,這個「旋波」,也許就是小說中最早進入中原的胡旋女形象。漢代開拓了絲綢之路以後,中原地區與西域以至中亞、印度得到了前所未有的交流。如《後漢書·五行志》載:「靈帝好胡服、胡帳、胡床、胡坐、胡飯、胡箜篌、胡笛、胡舞。京都貴戚,皆競為之。」漢賦中有許多關於舞蹈動作的描述,很值得注意,例如:「嚼清商而卻轉,增嬋娟以此豸。紛縱體而迅赴,若驚鶴之群罷。」(張衡《西京賦》)「蹈不頓趾」、「回身還入,迫於急節,浮騰累跪,跗蹋摩跌」、「雲轉飄忽」。(傅毅《舞賦》)生動地描述了舞者踮腳尖作大幅度多圈旋轉、左右騰踏、俯仰跪跌的動作姿態。又如最近在河南安陽附近發現一座唐貞觀年間(627-649)建築的磚浮雕塔(修定寺塔),塔上即有「胡人舞蹈」雕磚。磚上雕有一個喜笑顏開的胡人舞者,他兩手舉過頭作合掌拍擊狀,側身,左右足作騰踏動作,臂挽飄帶,飄帶飛旋,顯示旋

1　向達:《唐代長安與西域文明》,河北教育出版社2001年版,第70頁。
2　歐陽予倩:《試談唐代舞蹈》,載《舞蹈》1959年第3-5期。

轉感。這些，都是中原舞蹈與西域舞蹈交融的佐證。

至於康國進胡旋女事，據文獻記載最早在唐開元十五年（727）：「五月，康國獻胡旋女子及豹。」[3]同時獻胡旋女的還有史國。另一中亞屬國俱密則於開元七年「遣使獻胡旋女子及方物」。[4]比康國早八年。再早一些，《隋書·西域列傳》載「煬帝時，遣侍御史韋節、司隸從事杜行滿使於西蕃諸國，至……史國得十舞女、師子皮、火鼠毛而還」。史國盛行胡旋，十舞女中可能有胡旋女在內。更早一些，《隋書·音樂志》記載北周武帝聘北狄女為皇后時，許多西域樂工舞伎來到長安，包括胡旋在內的西域樂舞也傳人內地。《舊唐書·音樂志》對此有明確記載：

> 周武帝聘虜女為后，西域諸國來媵，於是龜茲、疏勒、安國、康國之樂，大聚長安。……康國樂：工人皂絲布頭巾，緋絲布袍、錦領。舞二人，緋襖錦領、袖綠、綾襠褲、赤皮靴、白褲帑。舞急轉如風，俗謂之胡旋。

周武帝娶阿史那氏是在北周天和三年（568）。可見，至遲在唐開元前一個半世紀左右，胡旋舞確已傳入內地。

在胡漢雜居的河西、新疆地區，胡旋舞的流行當更早些。《北史·西域列傳》說：

3　見《冊府元龜》卷九七一。
4　同上。

康國者，康居之後也，遷徙無常，不恆故地，自漢以來，相承不絕。其王本姓溫，月氏人也，舊居祁連山北昭武城，因被匈奴所破，西逾蔥嶺，遂有國。枝庶各分王，故康國左右諸國並以昭武為姓，示不忘本也。

康、史等國與河西走廊有如此密切的關係，其文藝源流在河西決不會斷絕。況且，民間的文化交流往往早於官方的文化交往。《舊唐書》「俗謂之胡旋」一語，亦可證「胡旋」名稱在民間早已有之。敦煌壁畫所保留的不少初唐時期所繪樂舞場面中，就有胡旋舞形象。尤可注意的，在新疆庫車庫木吐拉、拜城克孜爾石窟壁畫中，也保存了生動的胡旋形象。據考古工作者研究，有些壁畫成於兩晉南北朝時期。這就證明，早在西元四至六世紀時，胡旋舞在新疆一帶已十分流行了。

其實，既然中亞康、史、安等國的文化淵源與河西走廊有關，那胡旋舞就不一定源自中亞，而很可能本來就是中國西北地區少數民族的民間舞種。眾所周知，中國新疆龜茲地區是通向中、西亞的一個門戶，河西涼州（武威一帶）又是內地通往西域的要道。在兩晉南北朝時期，一方面中、西亞和印度樂舞大量傳入中國，另一方面中原樂舞也傳到涼州、龜茲以及中、西亞，這就使得龜茲地區「管弦伎樂，特善諸國」（《大唐西域記》），西涼地區的樂舞也形成了獨特的風格。因此，敦煌、庫木吐拉、克孜爾石窟壁畫中出現胡旋形象，並不是偶然的。

二

關於胡旋舞的程式，史籍記載十分簡略。如下兩條資料是研究者必引的：

胡旋舞，舞者立毯上，旋轉如風。（《新唐書・禮樂志》）

舞有骨鹿舞、胡旋舞，俱於一小圓毯子上舞，縱橫騰踏，兩足終不離毯子上，其妙如此也。（段安節《樂府雜錄》）[5]

從明代胡震亨開始，一些研究者都據此講胡旋舞「即所謂踏球戲也。」[6]可是，這個「毯」字頗成問題。毯者，球也。人立於圓球之上已非易事，又要旋轉如風、縱橫騰踏，簡直成百戲雜技了。《舊唐書》中講安祿山「晚年益肥壯，腹重過膝，重三百二十斤，每行以肩膊左右抬挽其身，方能移步。至玄宗前，作胡旋舞，疾如風焉。」安祿山如此肥胖而能在圓球上旋轉如風，豈非神話？宋版《太平御覽》中記述段安節《樂府雜錄》關於胡旋的記載時，「毬」寫作「毯」。舞者在小圓毯子上旋轉騰踏，這就可以理解了。觀敦煌、庫木吐拉等石窟壁畫的胡旋畫面，舞者均立於小圓毯之上，不見有在圓球上舞的。唐人詩詞中已屢見「毯」字用法，如「紅線毯」、「氍毯」、「碧毯」（白居易詩），「紅繡毯」（花蕊夫人詞）。《新唐書・西域傳》載：波斯國「開元、天寶間遣使者十輩獻瑪瑙床、火毛繡舞筵」。這裡雖然沒有寫出舞筵的具體型狀，但我想用絲、毛織成的圓形舞筵是可以稱作圓毯子的。

至於「踏毬戲」，古代稱作「蹴鞠」。唐代封演在《封氏聞見記》中提到：「今樂人又有躧毬之戲，作彩畫木毬，高一二尺，妓女登躧，球轉而行，縈迴去來，無不如意，蓋古球鞠之遺事也。」封演是天寶末年的進士，他寫《聞見記》時胡旋舞尚盛行未衰，從他所述可證「踏毬」並非「胡旋」。另一位唐代天寶年間的進士王邕有一篇《內人蹋毬

5　見《中國古典戲曲論著集成》（一），中國戲劇出版社 1959 年版，第 49-50 頁。

6　見《唐音癸籤》卷十四。臺北 1978 年版《中文大辭典》第七冊中「胡旋舞」條目即作此解。

舞》文，也可以幫助我們比較胡旋與蹋毬的區別。文中這樣描述蹋毬的基本動作：「毬上有嬪，毬以行於道，嬪以立於身。……於是揚袂疊足，徘徊躑躅，雖進退而有據，常兢兢而自勖。毬體兮似珠，人顏兮似玉；下則雷風之宛轉，上則神仙之結束。無習斜流，恆為正游；毬不離足，足不離毬。……疑履地兮不履其地，疑騰虛兮還踐其實。」（見《全唐文》卷三五六）可見，踏毬戲是要求人轉動球，使毬進退有據，人在球上做平衡動作，並不能旋轉如風，雙足始終不離毬體。而胡旋舞則是人在圓毯上旋轉騰踏，兩腳不得超越小圓毯的範圍。

敦煌莫高窟初唐 220 窟北壁「東方藥師淨土變」壁畫中有兩組雙人舞畫面，其中一組胡旋動作十分清晰：兩菩薩相對而舞，頭髮披散，上身赤裸，項帶瓔珞，臂佩銀釧，腕套鈴鐲，下著長裙；雙腳立於小圓毯之上，兩臂挽飄帶，看出是在做飛速旋轉的動作。這是雙人胡旋。

胡旋亦可獨舞。如莫高窟「盛唐 164 窟南壁下伎樂菩薩的獨舞，舞者身披瓔珞，著裙，在小圓毯子上舞，右手托著綢帶，背左手，飄帶柔和，左腳在前，右腳在後踏步的動作。」[7]飄帶柔和，說明一個以快速旋轉為主的舞蹈，也不是始終旋轉如風，總有由慢到快、快慢相間的變化過程。新疆庫車庫木吐拉千佛洞壁畫亦有獨舞胡旋的形象，據日本《世界文化史大系》第十三冊刊載的該壁畫殘片照片所示，舞者頭纏咖啡色頭巾，上身半裸，戴項圈、項鏈、鈴鐲，下著舞褲，一足踏於小圓毯之上，側身扭腰，手挽綠色飄帶作飛速旋轉的動作；畫左側繪著吹奏笙、箜篌的樂工[8]。新疆拜城克孜爾千佛洞第 135 窟穹廬

7　見董錫玖：《從敦煌壁畫的樂舞藝術想到的》，載《文藝研究》1979 年第 1 期。

8　筆者曾去庫木吐拉千佛洞考察，在原有 72 個洞窟中已不見此壁畫，估計已毀損或被割盜，甚為可惜。

頂有一組北朝時所繪「伎樂菩薩」壁畫，共六幅，都是獨舞形象，舞者有男有女，面部輪廓清楚地顯示為少數民族形象。舞者均著彩色綾襠褲，手挽飄帶，有的還手拎小罐或手持樂器，腿、手、腰的動作豐富多彩。六幅畫的背景均是紫紅色氍毹，舞者足下皆踏著三色小圓毯。這一組舞蹈形像是否胡旋，目前尚不能確證，但至少為我們研究當時龜茲樂舞提供了參考材料。唐代有「菩薩如宮娃」的說法，如果說，從敦煌壁畫中的菩薩胡旋，我們可以窺見宮廷胡旋情景的話，那麼，庫木吐拉和克孜爾石窟壁畫中的舞蹈形象，則更接近於民間胡舞的真實。

　　三

　　就描繪舞蹈一類流動、變化的複雜場景來講，畫的容量一般不如詩歌。所以，唐詩中的胡旋形象也值得我們重視。

　　許多研究者都舉出白居易、元稹的兩首《胡旋女》詩來探索胡旋舞。詩中寫道：

　　胡旋女，胡旋女，心應弦，手應鼓。弦鼓一聲雙袖舉，回雪飄颻轉蓬草。左旋右轉不知疲，千匝萬周無已時。人間物類無可比，奔車輪緩旋風遲。（白居易詩）

　　蓬斷霜根羊角疾，竿戴朱盤火輪炫。驪珠逬珥逐飛星，虹暈輕巾掣流星。潛鯨暗噏笡波海，回風亂舞當空霰。萬過其誰辨終始，回座安能分背面。（元稹詩）

　　詩中形容舞姿如飛雪飄灑，似蓬草飛轉，像羊角旋風，又若炫目盤輪；跳起來節奏應鼓弦，轉起來背面難分辨。描述是生動的，但由

於元、白寫這兩首詩的目的在於諷喻胡旋惑君誤國，所以詩中對於舞蹈本身的動作語彙、音樂、節奏的描述尚欠充分。

其實，早在元、白之前，盛唐著名邊塞詩人岑參在《田使君美人舞如蓮花北鋌歌》中就已對胡旋舞作了生動的描寫。全詩如下：

美人舞如蓮花旋，世人有眼應未見；高臺滿地紅氍毹，試舞一曲天下無。此曲胡人傳入漢，諸客見之驚且嘆！慢臉嬌娥纖復穠，輕羅金縷花蔥蘢。回裾轉袖若飛雪，左鋌右鋌生旋風。琵琶橫笛和未匝，花門山頭黃雲合。忽作出塞入塞聲，白草胡沙寒颯颯。翻身入破如有神，前見後見回回新。始知諸曲不可比，採蓮落梅徒聒耳。世人學舞只是舞，姿態豈能得如此！

此詩作於天寶十載，正是胡旋舞最風行之時；又寫在胡漢雜居、胡樂流行的涼州，所以特別值得重視。《唐音癸簽》據此詩另列一種「蓮花鋌舞」，並不確切。《岑嘉州詩》朱氏藏明正德十五年（1520）濟南刊本此詩上注云：「『蓮花』、『北鋌』，樂府舞名，未詳。一作『如蓮花舞』。『北鋌』，亦迴旋之意。如長沙定王來朝，稱『婺歌舞』，但張袖小舉，曰『臣國小地狹』，不足迴旋之意也。」岑參所寫之舞迴旋幅度較「蓮花」、「北鋌」舞大，很可能是胡旋舞。最近看到克孜爾石窟第 77 窟左甬道左壁一幅兩晉時代的「彌勒上生經」畫，菩薩中坐於蓮花之上，左右各四個伎樂。其中左邊第三人是少數民族男性舞蹈者形象。他左手持盛開的蓮花，舉至頭側上方，右手叉腰，臂挽飄帶，赤裸上身，戴項圈、臂釧、腕鐲；雙眼凝視蓮花，神態從容、優雅。這很可能就是「蓮花」、「北鋌」一類的舞蹈。

細讀岑詩，我們可以較清晰地了解到這種與「蓮花」、「北鋌」既

相似又有區別的胡旋舞的一些基本情況：跳舞場地是鋪了紅氍毹的高臺（與壁畫所繪相符），舞者穿縷金花紗裙；始舞時揮長袖扭細腰，像百花蓊蘢，又似飛雪飄動，交替向兩個方向旋轉，速度逐漸加快，氣氛漸趨熱烈，「入破」時作翻身、俯仰動作。有琵琶、橫笛等合樂伴奏，因為要表現風沙聲，還有各種樂鼓演奏；音樂以胡曲為主，也融合了漢族樂曲，而且隨著舞蹈情節的變化而變換音樂內容、節奏，以顯示胡地風光。

　　從一些唐詩對霓裳羽衣舞、柘枝舞、胡騰舞的描寫來看，旋轉踢踏動作多，是西域胡舞的一個共同特徵。但是，恐怕還不能斷定唐人把一部分以旋轉技巧為主的兄弟民族舞蹈都泛稱作胡旋，因為這些舞蹈都各有顯著的特色與特定的名稱。霓裳羽衣舞的旋轉多飄然慢旋、垂手擺動（白居易《霓裳羽衣舞歌》：「飄然旋轉回雪輕，嫣然縱送游龍驚」）；胡騰舞多騰踏、環行、揚眉、叉腰動作（李端《胡騰兒》：「揚眉動目踏花氈，紅汗交流珠帽偏。……環行急蹴皆應節，反手叉腰如卻月」）；柘枝舞服飾特別，又講求輕盈柔軟。胡旋舞則雖有騰踏、慢旋動作，卻以疾速大幅度旋轉為主，連續旋轉圈數多，常展臂以保持身體平衡，而且，別的舞可以在大方舞筵上縱橫進退、環行曼舞，胡旋則要求舞者在疾速的旋轉與騰踏時，雙足始終不離開一小圓毯子。胡旋舞的這些特點，確是可以使觀眾拍手叫絕的。

　　白居易、元稹的《胡旋女》詩作於唐憲宗元和年間（9世紀初），寫詩的目的是譴責「祿山胡旋迷君眼」、「貴妃胡旋惑君心」，故「數唱此曲悟明主」。因此，儘管他們在其他場合也表示過對胡舞的欣賞，而這兩首詩卻容易使人產生對胡旋的惡感。而岑參卻不同，他是一位熱愛邊塞的詩人，寫《田使君美人舞如蓮花北鋋歌》時安史之亂尚未爆發，他對胡旋舞從西域傳入內地作了高度評價，認為它的藝術美是《採

蓮》、《落梅》等流行樂舞所不能比及的，簡直到了「有神」的境地，令人讚歎不絕。顯然，岑參對健美的兄弟民族藝術的評價是正確的。在歷史上，西域樂舞的傳入，中外樂舞的交流，對中國文藝的發展起過相當積極的促進作用，為各族人民所歡迎。我們當然不能因為唐玄宗喜愛胡旋，安祿山、楊貴妃善舞胡旋，就對胡旋舞加以貶斥。

文藝作為觀念形態的東西，有潛移默化的教育感化效用，會對社會的政治、經濟產生一定的影響。但是，如果不適當地誇大這種作用，甚至將社會的動亂歸咎於一些詩、文、曲、舞，那也是違反歷史唯物主義的。在中國歷史上，倡行胡舞、寵信舞胡也不由唐玄宗始。武則天的侄孫武延秀就常在宮中跳胡旋舞[9]，高祖、太宗都喜歡胡舞。《資治通鑑》卷一八六就記載了發生在高祖武德元年（618）的一件事：

上以舞胡安叱奴為散騎侍郎。禮部尚書李綱諫曰：「古者樂工不與士齒，雖賢如子野、師襄，皆終生繼世不易其業。唯齊末封曹妙達為王，安馬駒為開府，有國家者以為殷鑑。今天下新定，建義功臣，行賞未遍，高才碩學，猶滯草萊；而先擢舞胡為五品，使鳴玉曳組，趨翔廊廟，非所以規模後世也。」上不從，曰：「吾業已授之，不可追也。」

李淵、李世民並沒有理會李綱杜撰的那條「殷鑑」，隨著貞觀之治的到來，唐代樂舞也空前繁榮，人們當然也不會去責備高祖、太宗，責難胡舞。一百多年後的安史之亂，也自有它經濟、政治、

9　見《舊唐書‧外戚列傳》：「延秀久在蕃中，解突厥語，常於主第，延秀唱突厥歌，作胡旋舞，有姿媚，主甚喜之。」

　　軍事等方面的原因，又豈能歸罪於胡旋舞！千百年來形成的種種偏見（如輕視樂舞藝人，歧視少數民族文藝，無視各民族文化密切交融的事實等），使得許多優美的少數民族樂舞長期得不到正確的評價與深入的研究。這種極不公允的情況，應該澈底地改變。

（1980 年）

《貫雲石及其散曲》補敘

元月十七日，余攜拙稿《貫雲石及其散曲》[1]至啟功先生家求教。先生閱後，云：酸齋乃元之大書家，吾處即藏有貫氏手書「中舟」真跡。先生又尋出陳垣老校長所著之《元西域人華化考》二冊（一九三五年陳寅恪序），命讀之。余歸來即先閱其涉及貫氏部分，就中輯錄前未見之資料若干則，並遵師之囑，不揣淺陋，試為文言作此補敘。

一、貫雲石為「濁世佳公子」

《華化考・卷三・佛老篇》之一「西域人之佛老」敘小雲石海涯家世，首引趙翼《廿二史札記》卷三十謂「元初諸將多掠人為私產，而莫甚於阿里海涯」之材料數則，後云：「此阿里海涯即小雲石海涯之祖父。今非欲暴小雲石海涯祖父之惡，然非此無以證小雲石海涯為濁世佳公子。其家世如此，其思想遂不禁別有所感覺也。」

余於拙稿中言貫氏少時乃「時代之寵兒，元統治政策之既得利益者」。而折節讀書後則不蹈故常、不滿時政。其承襲達魯花赤不數年，

---

[1] 該文完稿後題為《維族作家貫雲石和他的散曲》，載《文藝研究》1982 年第 4 期。

即讓爵與弟，後學儒於姚燧；為翰林侍讀學士時又上書條陳六事，指摘時弊，與其祖所為乃相逕庭，確可稱「濁世佳公子」也。然細究其所陳事（拙稿已引），是痛感時弊害政而欲救之，乃苦口之良藥，非謀逆之謗語，欲煉石以補天，非揚瀾以覆舟，故仁宗「覽而嘉嘆」。是雲石絕非元世逆子貳臣，而實為欲以儒學治世之孝子忠臣；其進《直解孝經》一卷，即向仁宗表忠之舉，真寓苦心哉！援庵校長云貫氏「其思想遂不禁別有所感覺」，乃贊其出淤泥而不染，處濁世而自清，難能可貴。若以現代時髦詞冠之，即「有識之士」也。

二、貫雲石之學佛

《華化考·佛學篇》言「因《元史》本傳采自歐陽玄《貫公神道碑》而刪節其詞，故小雲石海涯學佛之精神亦被刊落。今欲證明小雲石海涯之學佛，當舍《元史》本傳而用《貫公神道碑》」。遂舉碑中貫氏與歐陽玄淒別及與釋中峰論道二事證之，曰「雲石之學佛，無可為諱」、「雲石蓋有得於禪者也」。

別歐陽事，拙稿已引，以論酸齋內心之矛盾。與中峰論道事，現補論之。余以為此節中頗可留意者有三十二字：一為「劇談大道，箭鋒相當」八言。中峰者，名明本，乃元世高僧，貫與之談禪則輒不輕易苟同，能「劇談」而「相當」，既足見其此時猶存少時「不蹈襲故常」之鋒芒，又顯其學佛之深徹，與一般信佛子弟盲從釋典不同。余去歲曾至廣濟寺拜訪巨贊法師，法師言讀佛典之訣竅云：「不疑則不悟，小疑則小悟，大疑則大悟。」以此觀之，貫氏可稱大悟也。二為「為學日博，為文日邃」八言。佛學雖宣宗教信仰，其中亦有眾多學問。歷代高僧皆學識淵博精深，決非「荒誕」、「唯心」數語即可概全。貫氏學佛學識日增，後期文風亦稍變，此亦不可不察也。三為「其論世務，精覈平實」八言，足見以貫氏之身世品格，學佛亦不能超脫塵世，況

釋氏佛學本與世事關聯甚切，其問世前印度流行婆羅門教，維護種姓制度，釋氏乃力主平等，以苦、集、滅、道四諦論世間之苦痛。貫氏論世精覈平實，然與世接日疏，實有滿腔苦衷也。四為「道味日濃，世味日淡」八言。余以為當指至治三年八月南坡兵變後之小雲石而言，此乃貫氏絕望心境之體現。其時貫氏必苦痛難言，於人世已無眷戀，一心惟求涅槃，遂於次年五月逝世。貫公死因於籍無載，然《神道碑》言其日過午尚擁被堅臥，以晝為夜，去而違之，不翅解帶云云，可見貫公之辭世庶幾近乎圓寂也。

三、貫雲石之詩文

《華化考》卷四之一、三、四節論及貫氏詩文之風格。其論詩，首引琳瑯秘室本《鶴年集序》：「貫公、薩公之詩如長吉。」次引顧嗣立《元詩選・薩都剌小傳》：「有元之興，西北子弟，皆為橫經，涵養既深，異才並出，雲石海涯、馬伯庸以綺麗清新之派振起於前，而天錫繼之，清而不佻，麗而不縟，真能於袁、趙、虞、楊之外別開生面者也。」[2]香港朱海波著《中國文學史綱》，將元散曲截然析為豪放、清麗二派，將貫氏歸入豪放，且斷言：「清麗一變豪放之作風，擯棄俚言俳語，專以媚嫵妖嬌為勝。」未免失之偏頗矣。《華化考》論貫氏文，則引鄧文原《貫公文集序》（《巴西集》上）與程鉅夫《酸齋詩文跋》（《雪樓集》二五），中有數語頗可留意。一曰姚燧「於當世文章士，少許可，然每稱貫公妙齡，才氣英邁，宜居代言之選」。鄧氏與貫氏同為姚文公門下，語當可信，知貫確因文才過人而深得姚氏器重。二曰貫氏「詞章馳騁上下，如天驥擺脫羈羈，一踔千里，而王良造父，為之愕眙卻顧，吁，亦奇矣！」此說與涵虛子稱貫曲「如天馬脫羈」相符，足

2　《元詩選・初集》「戊集」，中華書局 1987 年版，第 1185-1186 頁。

見貫氏文、曲風格之一致。鄧氏又敘貫雲石「嘗為萬夫長，韜略固其
素嫻，詞章變化，豈亦有得於此乎！」此述文武相得益彰也。其又云
貫文出奇能勝，「此天下偉男子所為，非拘牽常格之士所知也」。余以
為古今眾多為文者，往往或低吟於亭臺樓閣，漫歌於小園窄徑，或埋
首於數卷經書，拘泥於一師所授，謹守繩尺以自程，則詩文常常平庸
無奇。貫氏一生不拘常格，其學儒、讀釋，著詩、作文、製曲、寫
字，均不泥古拘格，故能別開生面，自成一家。所謂奇才，奇在此
矣。三曰「公生長富貴，不為燕酣綺靡是尚，而與布衣韋帶角其技，
以自為樂，此誠世所不能者」。此語道出貫氏平素喜與布衣交往之品
格，「角技」即含有切磋技藝之義。李開先《詞謔‧詞套》之三載貫氏
虎跑泉吟詩之傳說即為一例。可見貫氏深入民間，故其曲方能得益於
裡巷歌謠不少。貫氏之文，今僅存《陽春白雪‧序》一篇，余皆亡佚，
惜哉！

四、貫雲石之書法

貫氏亦為有元一代別具一格之書家。《華化考‧美術篇》引元末
《書史會要》所論：「貫雲石，北庭人，官至翰林侍讀學士，豪爽有風
概，富文學，工翰墨，其名章俊語，流於毫端者，怪怪奇奇，若不凝
滯於物，即其書而知其胸中所養矣。」此中道出書法與思想、性格及學
識之關聯。又引陳基夷《白齋外集》跋貫氏書《歸去來辭》云：「酸齋
公如冥鴻逸驥，不受矰繳羈靮，而其蟬蛻穢濁，逍遙放浪，而與造物
者游，近世蓋未有能及之者。其自謂平日不寫古今人詩，而獨慕陶靖
節之為人，書其《歸去來辭》，觀者殆不可以尋常筆墨蹊徑求之也。」
此益證其於陶潛之品格傾慕之至，辭官亦受陶潛歸隱之影響，書《歸
去來辭》實以抒其憤世嫉俗之胸臆，真非尋常筆墨也。又傳貫氏另有
墨跡「中州」者，似另蘊深意。《華化考》卷八「結論」之二引家鉉翁

題元好問《中州集》後云：「世之治也，三光五嶽之氣，鍾而為一代人物。其生乎中原，奮乎齊魯汴洛之間者，固中州人物也；亦有生於四方，奮於遐外，而道學文章，為世所崇，功化德業，被於海內，雖謂之中州人物可也。故壤地有南北，人物無南北，道統文脈無南北，雖在萬里外，皆中州也。」此說頗有理。貫氏雖是維吾爾人，漢學修養甚高，又棄民族偏見，亦傑出之「中州人物」也。

五、貫雲石之評價

人才難得。有元一代，絲路暢通，西域異才輩出，僅《華化考》所及，已有百三十二人。貫氏實為其中之佼佼者。與貫同時之人，如姚、歐、鄧、程輩皆交口稱譽。其詩、文、書，已引論如前；其曲，則誠如老校長所云：「元人文學之特色，尤在詞曲，而西域人之以曲名者，亦不乏人，貫雲石其最著也。」「雲石之曲，不獨在西域人中有聲，即在漢人中亦可稱絕唱也。」故拙稿以為推貫氏為元代第一流之文藝家亦不為過。然則為何近代論者多輕之，以致其發端海鹽腔之功績幾與淹沒？拙稿以為一則為民族偏見所蔽，一則為傳統繩墨所拘。今恭讀《華化考》，方知老校長五十餘載前於此已有精當之例證，如言元代「儒學、文學，均盛極一時，而論世者輕之，則以元享國不及百年，明人蔽於戰勝餘威，輒視如無物，加以種族之見，橫亙胸中，有時雜以嘲戲……」其舉明、清兩代學者相較，以為「清人去元較遠，同以異族入主，間有一二學者，平心靜氣求之，則王士禎、趙翼兩家之言可參考也」。其又析「九儒十丐」之說，舉《池北偶談》卷七所論等，皆能服人。因本文篇幅所限，恕不詳引。

（1980 年 1 月 21 日）

附記：

啟功師曾問及「海涯」（今譯作「哈雅」）之義，余查《漢維辭典》等工具書，知其為維吾爾語「生命」、「生存」之意，亦可引申為「生者」，故元時維吾爾人往往取名為某某海涯者也。

敦煌題畫詩漫話

　　題畫詩是我們中華民族特有的文學樣式。一首好的題畫詩，能使詩情畫意融會貫通、相得益彰，給人以美的藝術享受。

　　有一位研究題畫詩的先生説：「中國繪畫發展到畫上題詩，始於宋代文人畫崛起時期；唐以前雖然也時有詩人題畫之作，但卻往往另寫別紙而不是直接題在畫上的。」（洪丕謨《歷代題畫詩選注・卷首語》）

　　由此我想到了敦煌莫高窟發現的唐人寫卷中的「邈真贊」。「邈」是「貌」的通假字，用如動詞即圖寫容貌，也就是描畫；「描」是「邈」的後起字。敦煌遺書中的《捉季布傳文》裡有「丹青畫影更邈真」的唱詞，邈真即寫真，故邈真贊也就是題圖的詩贊。《酉陽雜俎・寺塔記》上有《哭小小寫真連句》，即可為證。

　　我以前知道的敦煌寫卷中的邈真贊，都是人物圖贊，如 S.0289 寫卷的《宋李存惠邈真贊》、P.2970 的《陰善雄邈真贊》、P.3630 的《河西管內釋門都僧政會恩和尚邈真贊》、P.3633 的《張安左生前邈真贊》、P.3718 的《敦煌名人名僧邈真贊》等。S.0289 邈真讚的小序講：「遂請丹青，輒繪容儀；又邈儒生，以贊芳美。」贊曰：「邈畫生前貌，貴圖

後人看。」可見是畫匠作畫，文人題詩，互相配合的。

最近看到蘇聯科學院列寧格勒亞洲民族研究所藏中國敦煌寫卷的一頁書影（原卷編號 L.1458＝Дx.147），赫然是一首貓的「邈真」詩，名為《貓兒題》，全詩照錄如下：

邈成身似虎，留影體如龍。解走過南北，能行西與東。僧繇畫壁上，圖下鎮懸空。伏惡親三教，降獰近六通。題記。

雖然這個殘頁上沒有圖畫，但原卷詩的上下各畫著一行簡單的花邊，而且從末尾「題記」二字判斷，這至少應是一首題在畫旁的五言詩。或許原畫殘斷佚失，或是原卷抄手從題詩的畫上抄錄下來的。巴黎藏的敦煌寫卷中圖畫不少，我就在縮微膠片上見過畫得很不錯的奔馬及馬首。若細檢原卷，也許會有更好的畫圖發現。

眾所周知，作為說唱文學作品的敦煌變文大多是散韻相間的；而這些變文又往往與變相（故事畫）結合在一起，如 S.2641《大目乾連冥間救母變文併圖一卷並序》、P.4524 的《降魔變圖》。前者文存圖亡，後者正面是故事圖，在背面相應處寫說明畫圖的唱詞（詩）。這些題在卷背的唱詞，不也是題畫詩麼？

於是我開始懷疑「畫上題詩始於宋代文人畫崛起時期」的論斷。隨手翻翻，也找出了幾條材料。

范曄《後漢書》卷六十四《趙岐傳》云：趙岐「先自為壽藏（案：即墓室），圖季札、子產、晏嬰、叔向四像居賓位，又自畫其像居主位，皆為贊頌」墓室壁畫有主賓之分，圖贊自然應該題在畫像旁邊，不會另紙書寫或者集中題寫在另外牆壁上的。趙岐卒於建安六年（201），可見早在西元二世紀末到三世紀初的漢代，就已經有名副其實

的題畫詩了。《太平廣記》卷二一〇上講趙岐「多才藝、善畫」，這畫及詩當都出於他自己的手筆。

《太平廣記》卷二一一又引《名畫記》所寫梁元帝蕭繹的事：

> 梁元帝嘗畫聖僧，武帝親為作贊。任荊州刺史時，畫蕃客入朝圖，帝極稱善。又畫職貢圖，並序外國貢獻之事。又游春苑，白麻紙畫鹿圖、師利象、鸜鵒、陂池芙蓉、醮鼎圖。並有題印傳於代。[1]

可見齊梁時代的畫上不僅有題贊詩，有序文，還有專門題畫的印章了。

唐代段成式《酉陽雜俎・寺塔記》中講道：

> 平康坊菩薩寺，佛殿東西障日及諸柱上圖畫，是東廊舊跡，舊鄭法士畫。……食堂東壁上，吳道玄畫《智度論》色偈變，偈是吳自題，筆跡遒勁，如磔鬼神毛髮。

> 故興元鄭公尚書題北壁僧院，詩曰：「但慮彩色污，無虞臂胛肥。」置寺碑陰，雕飾奇巧，相傳鄭法士所起樣也。[2]

上述「色偈變」，即是據偈語畫的彩色變相。此書著錄了不少畫贊連句，足證當時在壁畫上題詩已是十分流行的了。又據同書記載，資聖寺「中門窗間吳道子畫高僧，韋述贊，李嚴書。……觀音院兩廊，

1　見《太平廣記》卷二一一，中華書局 1961 年版，第 1614 頁。
2　見《酉陽雜俎》續集卷五「寺塔記」，中華書局 1981 年版，第 252 頁。

四十二賢聖，韓幹畫，元中書載贊」[3]。寺中又有柏梁體的《諸畫連句》。這又說明在唐代，不僅有直接題寫在壁畫上的詩（有的是畫師本人寫，有的請名人作詩，有的則專請書法家來題寫），而且還有畫家分工作畫，詩人合作題詠。確實是興師動眾，夠氣派的了。

我所讀到的唐代作家題畫詩，較早的是張九齡的《題畫山水障》和宋之問的《題張老松樹》。宋之問還有一首《詠省壁畫鶴》詩：

粉壁圖仙鶴，昂藏真氣多。騫飛竟不去，當是戀恩波。

有趣的是，敦煌遺書中 S.0555 寫卷中亦存此詩，題為《詠壁上畫鶴》。大詩人杜甫有一首《題壁上韋偃畫馬歌》：

韋侯別我有所適，知我憐君畫無敵。戲拈禿筆掃驊騮，欻見騏驎出東壁。一匹齕草一匹嘶，坐看千里當霜蹄。時危安得真致此，與人同生亦同死？

從詩題及內容看來，這首詩很可能也是直接題寫在壁畫上的。

唐末五代直接題在畫上的詩詞作品，也有最確鑿無疑的記載，見於宋人郭若虛的《圖畫見聞志》卷二：

衛賢，京兆人，事江南李後主為內供奉，工畫人物、臺閣。初師尹繼昭，後伏膺吳體。張文懿家有《春江釣叟圖》，上有李後主書《漁父詞》二首。其一曰：「閬苑有意千重雪，桃李無言一隊春。一壺酒，

3　同上，第 261 頁。

一竿鱗，快活如儂有幾人？」其二曰：「一棹春風一葉舟，一綸繭縷一輕鉤。花滿渚，酒盈甌，萬頃波中得自由。」

　　此則資料是摘自劉道醇《五代名畫補遺》。兩首詞均收入《全唐詩》、《歷代詩餘》，王國維先生曾疑其非李煜所作，但作為題畫詩卻是沒有疑問的。

（1985 年）

與庫木吐拉有緣

　　我第一次領略佛教石窟藝術，是十四年前在遙遠的天山南麓的庫木吐拉千佛洞。因此，自己常說：「我與庫木吐拉有緣。」

　　著名的「絲綢之路」，曾是令我十分嚮往的地方；盛唐詩人的邊塞詩，也曾引起我許多的神思遐想。大學畢業後，我真的離開北京到新疆，在烏魯木齊當了十年教員。然而當時正值「文革」時期，儘管我知道在天山南北的絲路古道上，有許多佛教古蹟，也絕無可能前去觀瞻。雖然身在新疆，卻覺得離那些佛教藝術寶庫遠不可及，我只能在緊張的教學或學工學農勞動之餘，悵望著遠處終年白雪皚皚的博格達峰嘆息。

　　一九七八年，我回到北京學習，離新疆又有萬里之遙了。此時，我卻更強烈地思念起天山來，我的心也反而得以貼近那些藝術瑰寶了。於是，第二年暑期，我回到新疆，去了天山北麓的吉木薩爾，獨自一人考察了北庭故城遺址。一九八〇年夏，我又回到新疆，登上了從烏魯木齊飛往庫車的飛機。這是我平生頭一回搭乘飛機，也是第一次去南疆，真是很難用筆墨來描述我當時的心情。俄制安型小飛機從

烏魯木齊南飛不久，就開始越過天山，從窗口望下去，晶瑩閃亮的冰達坂、層層起伏的峰巒、橫七豎八的冰川峽谷盡收眼底。

雖然，強烈的氣流使飛機顛簸不已，我卻絲毫也不感到緊張，只是覺得好像坐在一頭振翅疾飛的大鳥身上，似在浪花上翺翔，如在波濤間穿行，感到心曠神怡。很快地，大鳥掠過察汗騰格山，我看到了平靜似鏡的蔚藍的博斯騰湖，看到了綠寶石般點綴於黃沙間的戈壁綠洲。然後，穿過鐵門關，在庫爾勒小憩，又沿塔里木盆地北緣西飛，過輪臺，到了庫車。

走下飛機，踏上庫車的大地上，我的第一個念頭就是：我到龜茲了！這就是漢唐重鎮龜茲！這就是絲路中道中西文化重要的交匯地——苦叉。這就是鳩摩羅什的故鄉、「有佛塔廟千所」的拘夷。這就是唐玄奘不辭千辛萬苦，度過莫賀延大沙磧，經行伊吾、高昌到達的屈支！

到達庫車的第一個夜晚，我躞步走出縣招待所的庭院，四周靜極了，既無風聲，又聽不到蟲鳴，仰望夜空，真正的繁星閃爍！我從未見過天穹上有如此多的星星，真好像處於另一個天地之中。忽然又想起《大慈恩寺三藏法師傳》中描述的玄奘在沙磧中所見：「是時四顧茫然，人鳥俱絕。夜則妖魑舉火，爛若繁星，晝則驚風擁沙，散如時雨。」

我今日看到的星空，與當年玄奘所見的，當無二致。我到龜茲，遠無三藏法師之艱辛勞苦，但也是進新疆後過了十二載才得親歷勝境，這也算是一種緣分了。然而，玄奘法師在《大唐西域記》中所述的「伽藍百餘所」如今又在哪裡呢？

白天我已聽說：庫車縣城周圍的佛寺，早已蕩然無存，著名的庫木吐拉石窟，離城約三十公里，已經殘破不堪，而且謝絕參觀。我只

有默念觀音。恰好在招待所庭院碰見一位江蘇籍的「老石油」，願意幫我。他真像是菩薩派來幫助我的。第二天，他就為我連繫到了一輛石油系統的吉普車，有人要去庫木吐拉附近的水電站，答應我搭乘此車去石窟。

汽車出庫車城後，沿公路西南行約二十五六公里，就看到一座高大的烽火臺遺址矗立在路旁，這正是「庫木吐拉」（意即「沙海中的烽火臺」）得名的由來。再往前，就是著名的渭干河。車離開公路北折而行，不到五六分鐘我就看到了河谷東岸的庫木吐拉千佛洞！

因為我帶有自治區文化廳文物處的介紹信，所以得到許可，由石窟文物保護所的一位副所長陪著參觀洞窟。

清人徐松在《西域水道記》中說：「渭干河東流，折而南，凡四十餘里，經丁谷山西，山勢陡絕。上有石室五所，高丈餘，深二丈許，就壁鑿佛像數十鋪，瓔珞香花，丹青斑駁。洞門西南向，中有三石楹，方徑尺，隸書梵字，鏤刻迴環，積久剝蝕，惟辨『建中二年』字。又有一區是沙門題名。」[1]這應是現存典籍中，對庫木吐拉千佛洞最早的記載了。一百五十多年過去了，今天，當我踏進這聞名遐邇的千佛洞時，還能看到這些佛像與壁畫嗎？

我走近石窟，首行映入眼簾的，卻是窟崖前一道新築起的攔水壩！我驚訝地得知：因為前幾年在離石窟不遠的渭干河下游，新建了一座水電站，造成這裡水位上漲，漫浸石窟，致使沙礫質地的窟崖嚴重塌落。千佛洞面臨滅頂之災，只好暫且「水來土屯」了！我看到石窟底層的一些洞窟幾乎已經全部塌陷了。據說庫木吐拉已編號的洞窟超過一百個，而還殘存壁畫、塑像的已不足半數。此時此地，我已茫

1　《西域水道記》卷二，見《西域水道記》（外二種），中華書局 2005 年版，第 96 頁。

然無語，只有默默地跟著石窟工作人員去觀看倖存的洞窟。

這是我第一次身臨其境觀看千佛洞。儘管大多數洞窟都已殘破，我仍被眼前的藝術瑰寶所震撼。在不同時期、不同形狀的支提窟、毗訶羅窟內，我看到了不同風格、豐富多彩的經變圖、佛本生故事畫、世俗畫，那些栩栩如生的莊嚴的佛陀、慈悲的菩薩、生動的飛天、虔誠的供養人形象，深深地打動了我的心。

早期洞窟壁畫，如：第46窟窟頂中央的天象圖，有交足坐雙輪車的日天、月天和站立的火天形象，有人面鳥身的金翅鳥，有頭上長角、雙乳高聳的緊那羅；左右兩側紅、白、黑色菱形格內，繪有兔王焚身、薩埵太子捨身飼虎等本生故事畫，背景中有牛、鹿、獅、猴等各種動物及箭形樹與掌形樹。全圖採用暈染法上色，幾乎不用細線勾勒，顯示出質樸粗獷的魏晉風格。

中期洞窟壁畫，如：第21窟窟頂以蓮華為中心，輻射出的十二幅伎樂天圖，第34窟窟頂的十二幅護法神王圖及水生動物畫，線條剛勁有力，輪廓勾勒較細，有「屈鐵盤絲」之風，所繪人物多作深淺不同的暈染，富有立體感，已有較明顯的隋代風貌。

後期洞窟壁畫，如：第45窟的祥雲、千佛及阿彌陀、觀世音、大勢至、西方三聖圖像，用筆粗細相間，自如圓潤，生動活潑，使人想起《歷代名畫記》評吳道子畫的「其勢圜轉而衣服飄舉」，已是典型的盛唐風采了！

我想：佛法由西傳來，西方的犍陀羅藝術與中原華夏文化在這裡碰撞交匯，而由於自漢朝在西域屯田戍邊之後，龜茲受中原文化影響較大，這裡的壁畫帶有較濃厚的唐風，也就是很自然的了。

當然，我也看到了洞窟壁畫中的回鶻文、龜茲文題記，看到了富多民族風格的龜茲樂器圖，看到了身穿本民族服飾的龜茲供養人圖、

回鶻供養人圖、帶有明顯犍陀羅風格的武士形象。這些都是民族文化交融的例證。可惜的是，人世滄桑，洞窟也歷經浩劫，這裡的佛陀雕塑已所剩無幾，壁畫大多殘破。

據說：二十世紀初，德國格倫威德爾（A.Grünwedel）、勒考克（A.V.Lecog）等人的考察隊，曾數次到庫木吐拉，割取了約三十平方米的精美壁畫，運到柏林的民俗博物館去了。有一尊回鶻風格的菩薩塑像頭部，則被日本的大谷探險隊帶到了東京。

近幾十年來，除自然界風化，人為的破壞亦不少。在洞窟壁畫上，我所見的近人的漢文、維吾爾文的隨意刻劃比比皆是，簡直到了不堪入目的地步。這些，又怎能不令我扼腕嘆息呢？

我聽說石窟東北山谷中，還有兩個埋葬漢僧遺骨的羅漢窟。五○年代初，閻文儒、常書鴻先生來此考察時，在其壁崖上還看到有數十位唐代僧人（如惠增、智道、法淨、惠超……）的題名，這正是初、盛唐以後，大量的中原僧人到龜茲地區巡禮所留下的蹤跡。僅過了二十多年，這些題名已有許多漫漶剝落，再也看不到了。

據《往五天竺國傳》記載：新羅名僧慧超，在唐開元十五年（727）十一月上旬到達安西，見到當地大云寺主秀律與龍興寺主法海等，均是持律甚嚴、善講經論的有名漢僧。至今，庫木吐拉第45、49、62、76等窟，尚有不少漢僧大德的題記。可以想見這些大德當年曾追隨玄奘的足跡，不懼萬里跋涉，從內地來到龜茲，遠離塵緣，清靜人生，為弘揚佛法、傳播文化做出了巨大的貢獻。我面前的這些千佛洞，不也正是他們的功德窟嗎？石窟塑像可塌毀，壁畫題名會剝落，先行者們的功績卻是不可磨滅的！

我來到了第68至72窟。因這五個洞窟均有甬道相連，俗稱「五聯洞」，亦即徐松所記「石窟五所」。據說，這就是源於印度五窣堵波（五

塔）的五佛堂，每窟主壁原先均有座佛供奉，但現都已無存或殘損。五窟前室都有敞口西向崖外。

我站在敞口西眺，只見崖外的渭干河，緩緩向南流去，對岸的雀爾達格山餘脈，則似一條臥龍，與波光粼粼的河水相映成輝。本來，渭干河從西北的天山峽谷奔瀉而來，在此南折，水勢湍急。如今，在洞窟下游兩公里處築起了水電站大壩，水勢上漲而且平緩了，這千年石窟也就遭了殃。

佛教文化藝術是古代文明的結晶，水電站則是現代科技與工業文明的產物。難道，它們之間就不能兼容共處、相安無事麼？山川大地是人類最寶貴的自然財富，改造並非破壞，人類歷史的長河也不能斷流。善因善果，惡因惡果，因緣報應，不可不引起警覺呀！

我離開庫木吐拉千佛洞，正是日中時分。吉普車從水電站南行，西邊有一處古代佛寺遺址名曰「夏哈吐爾」，據說這就是玄奘在《大唐西域記》中寫到的阿奢理貳伽藍。想到當年這裡「庭宇顯敞，佛像工飾」，而眼前幾乎連斷垣殘壁都難以尋覓了。我不由地又傷感起來⋯⋯猛地抬頭，又看到了那哨兵般守衛在路旁的烽火臺，啟示我要寫一首小詩為庫木吐拉請命，這就是第二年四月二十四日刊登在《人民日報》上的《救救庫木吐拉》：

> 高高的烽火臺屹立在沙海之中，
> 因此人們稱它為「庫木吐拉」。
> 庫木吐拉有壯觀的千佛洞，
> 那是絲綢之路的明珠和鮮花。
> 可是，今天我慕名遠道而來，
> 卻看見壁畫殘破、洞窟陷塌！

健美的飛天肢殘體缺，

快樂的伎樂潛然淚下，

莊嚴的佛祖面目全非，

慈悲的菩薩在尋覓失卻的蓮花……

已往的責任暫且放下，

今天，對河水的沖刷和路人的塗劃，

我們又該想些什麼有效的辦法？

我嘆息，我慚愧，我悲痛：

這些中華民族的奇珍異寶，

難道要毀滅在我們的眼下？

而對瘡痍滿目的千佛洞，

我喊一聲：「救救庫木吐拉！」

　　十四年過去了，我再也沒有重訪庫木吐拉。我也不知道我的小詩
起了些微作用沒有，只是聽說那裡壁畫的保護情況仍不能令人滿意。
不管怎樣，我會在心中時時記掛著它，為它祝福——因為我與它有緣。

（1994 年）

附記：

　　一九九五年八月，中國敦煌吐魯番學會在新疆吐魯番舉行「敦煌
吐魯番學出版物研討會」，會後我又一次考察了庫木吐拉石窟，我發現
儘管當地文物保護部門採取了不少措施，而由於水電站的問題並沒有
解決，壁畫受潮的情況仍十分嚴重，參觀的代表們都心情沉重得說不
出話來。

我的克孜爾情結

　　三十年前，我作為「文革」後的第一屆研究生，為了撰寫《岑參邊塞詩研究》的論文，得到北京師範大學科研處的支持，從北京回到烏魯木齊，到自治區文化廳開了證明，第一次乘飛機（安24型小飛機）從烏魯木齊到庫車。那時南疆的交通極為不便，為了參觀庫木吐拉石窟，我在縣招待所苦等了兩天，幸好有一位地質勘探隊員為我連繫，搭了石油部門去「東方紅水電站」的吉普車，才第一次目睹了龜茲石窟彩塑與壁畫的風采。為了表露當時的心情與感受，我在第二年的《新觀察》雜誌和《人民日報》上發表過題為《救救庫木吐拉》的短文和詩歌；十四年之後的一九九四年，我又應臺灣一家佛教文化刊物之約，寫了一篇《與庫木吐拉有緣》的散文，追憶那初次的禮佛經過。那篇文章中沒有提及克孜爾石窟，許多人一定會感到奇怪。其實，當時我正在構思一篇關於胡旋舞的文章，特別想接著去克孜爾考察相關的壁畫。克孜爾距離庫車縣城大約七十公里，在動輒幾百公里杳無人煙的天山南麓，算是「近在咫尺」了，但若沒有嚮導和代步工具，仍遙似天涯。記得無奈中我買好長途汽車票正準備去庫爾勒時，碰到了

北京大學的馬世長先生，他陪著日本攝影師正要去克孜爾拍攝洞窟藝術品，當時我們並不相識，我自然不便提出與他們同行的要求，就這樣與克孜爾失之交臂了。但是，悵望著眼前從西北方向流淌過來的渭干河水，我的心裡卻埋下了一顆「克孜爾情結」的種子，覺得有朝一日我一定會去那個神聖的地方朝拜的！

這一等就是十五年。一九九五年夏，中國敦煌吐魯番學會在吐魯番舉辦「敦煌吐魯番學出版研討會」，會後特地安排了考察克孜爾石窟的活動。那真是一次令人難忘的歷程。記得那天清晨北京時間六點整，我們乘車從吐魯番出發，正是黎明前伸手不見五指的時刻，繁星在夜空裡閃爍，載著代表的三輛汽車驅散寂靜，車燈劃破晨曦，沿著國道，朝西南方向駛去。已經是第三次到南疆考察、年逾古稀的馮其庸先生坐在最前面的越野車上，像一位出征沙場的戰士，胸前掛著他的「武器」──兩架相機，目視前方，毫無倦意。中巴車跟在後邊，司機是一位維吾爾族小夥子。我怕他長時間駕車會因單調與疲乏而犯困，就特意安排了代表中的古麗比亞坐在副駕駛的位置，時不時地和他說上幾句本民族的語言以提神。大部分代表都坐在大轎車裡，包括年齡較大的上海辭書出版社的嚴慶龍副社長和中華書局的鄧經元總經理，都是第一次經行這風光奇特、變幻莫測的絲路古道，路雖漫長，卻毫無倦意。當然，會議的主辦者不敢大意，還是安排了三位司機輪流開轎車，以保證安全。車過庫車，暮色漸濃，三車間距拉遠，我乘坐的中巴車已是前難覓「越野」蹤影，後不見「轎子」身軀了，路也似乎越來越窄，車也搖籃似地顛簸著。開始時大家還能眯著眼打盹，等到天色漆黑，大家順著車燈的照射可以隱約看到料峭山崖和陡窄崎嶇的公路，路況很差，就緊張得沒有一絲睡意了。中巴車到達克孜爾千佛洞，已近午夜，所裡的工作人員熱情地把大家帶進食堂，可我的

心卻牽掛著跑在後邊的大轎車，毫無食慾。那時沒有移動通信工具可以聯絡，只能暗暗祈求菩薩的護佑。又過了一個多小時，終於傳來了汽車疲倦的轟鳴聲，大客車安全抵達，儘管這時四周的景物全被夜幕籠罩，什麼也辨認不清，人們欣慰的笑容卻清晰可辨。隨著一顆顆懸著的心沉靜下來，代表們很快都在客房裡進入了夢鄉。

晨曦剛剛將渭干河南岸的卻勒塔格山崖染紅，代表們早已不約而同地聚集在克孜爾洞窟下方的鳩摩羅什銅像前觀瞻了。啊，這位帶有天竺血脈、早於玄奘兩個多世紀的譯經大師，是當之無愧的龜茲之子！現在，他的銅像屹立在明屋達格與卻勒達格之間，成為克孜爾最有特色的標誌。看著他在蓮座上低首垂手而思的形象，我不禁想起在巴黎羅丹紀念館看到的名塑「思想者」。我覺得，儘管二者的造型風格很不相同，他們思考的內容也截然有別，但給人以啟迪的精神力量卻是一樣的。現在，羅什塑像和北邊山崖上鱗次櫛比的洞窟都披上了霞光，塑像的題名者馮其庸先生早已支起三腳架，開始了緊張而愉快的攝影工作。看著代表們臉上虔誠而興奮的表情，我猛然覺得十五年來埋在心中的那一顆「克孜爾情結」的種子，已經生根、萌芽了。

第一次參觀克孜爾石窟所引起的震撼，不是幾句話甚至幾篇文章能夠說得清的。二三六個洞窟，我們只能匆匆瞻拜其中的少數，但彷彿已經經受了一次文化、藝術的大洗禮。我覺得，自己好像是走在一座連接印度、中亞、西亞、希臘、羅馬與敦煌、中原文明的七彩橋梁上，目不暇接而思載百代。龜茲文化的多源兼容、博大精深，佛教藝術的普及繁榮、璀璨輝煌，都仰仗於開窟者的剛強，取經僧的堅忍，譯經人的智慧，信徒們的虔誠和塑匠畫家們的傑出的創造力。有人形容克孜爾是「第二個敦煌」，這其實是不確切的。這不僅因為它的開窟年代要早於莫高窟一個多世紀，也不僅因為它的佛本生故事畫與佛傳

故事畫要比莫高窟同類題材的壁畫內容與形式都更為豐富，也由於它在許多方面都得到天竺佛教更直接的影響，成為敦煌石窟藝術之先驅前導。當然，多年之後，我得以捧讀季羨林先生的《龜茲佛教史》（現改名為《西域佛教史》），才更深刻地了解到作為龜茲文化精華的克孜爾石窟藝術的意義所在，也才明白為什麼這位學術大師在自己的言談與著述中常常會流露出對龜茲學更多的關注。

在這次參觀時我們得知，龜茲石窟研究所已經成立十年。雖然建所時間不算長，但那些成年累月長期生活在克孜爾的研究人員，也已經可以當之無愧地稱作「龜茲人」。他們的工作態度與犧牲精神，與我所熟悉的「敦煌人」一般，同樣引起我們讚歎，值得我們崇敬。這裡的生活條件、工作環境和敦煌一樣艱苦，而交通則遠遠不及敦煌便利。他們之中有些人，因為工作、家庭的關係，還必須常常奔波於克孜爾與烏魯木齊之間，至於因氣候條件季節性的「遷徙」，就更是家常便飯了。如年長於我的中國敦煌吐魯番學會的顧問霍旭初研究員，作為龜茲石窟研究所和龜茲學會的創辦人之一，他為研究克孜爾石窟和龜茲佛教所付出的巨大心血有目共睹。「滴泉」沁心，湧泉相報，其精神是可以感天動地的，這有霍先生自己的專著《滴泉集》為證，無需我在此贅述。新疆維吾爾族自治區博物館的賈應逸研究員，雖然不是龜茲石窟研究所編制中人，卻是人人尊敬的「龜茲老大姐」。我知道她一九八七年在克孜爾踏查洞窟時，摔斷了鎖骨和十一根肋骨仍要堅持工作。還有一些年輕的研究者，也捨棄了在大城市工作的機會，終日與洞窟為伴。進入新世紀後，連續舉辦的三屆龜茲學學術研討會，以豐碩的學術成果昭示世人與學界：正是這些「龜茲人」的奮鬥，讓「龜茲學」這門古老而年輕的學問蓬勃發展，讓克孜爾石窟名揚天下。一九九七年春夏之間，我到德國柏林考察，也曾在博物館裡陳列的被掠

奪的龜茲石窟珍寶前留連卻步；二〇〇五年夏，我又在聖彼得堡的艾爾米塔什博物館驚訝地看到了「二戰」行將結束時被蘇聯紅軍「截獲」的龜茲壁畫殘片。所有這些，讓我心中的「克孜爾情結」有了更豐富充實的內涵。

今天，在即將迎來研究院（所）建院二十五週年慶典，龜茲石窟研究所已發展壯大為龜茲研究院之際，我願再次將心中的「克孜爾情結」捧出，奉獻給所有熱愛龜茲文化藝術、熱愛祖國邊疆、熱愛各族人民共同創造的中華優秀傳統文化的朋友，願這一情結能歷久不衰，開出更加絢麗多彩的花朵！

（2010 年 3 月 4 日）

敦煌文化遺產的人文環境和文化特性

　　我今天主要介紹敦煌文化遺產的人文環境。為什麼要講這個問題呢？我記得一九九七年，中央電視臺的一個主持人在北大採訪我們敦煌學會的人，問了一個問題：為什麼莫高窟有這麼燦爛的壁畫、彩塑等等遺存呢？另外，我們知道敦煌藏經洞還出土了大量的文物、古代文獻等等，為什麼只在這裡有，別的地方沒有發現？我今天就想回答這個問題。

　　敦煌莫高窟在一九八七年被列入「世界文化遺產名錄」。我們過去對世界文化遺產的認識，從它本身的遺存來講，就是珍貴的東西，值得全世界的人珍視、認識和研究。敦煌有這些東西，它的核心是什麼？它為什麼會有？我們看敦煌藝術，要圍繞著人文環境來看。如果對問題能有基本的認識，再看敦煌可能就會有一個指導思想。

一、人文環境

　　什麼叫「人文」？首先看傳統文化是怎麼講的，《周易》：「文明以止，人文也。觀乎天文，以察時變，觀乎人文，以化成天下。」天文是講四時變化、講天體、講地球和宇宙的關係；人文應該講人和社會

的關係。宋代理學家程顥也說:「人文,人之道也。」《現代漢語詞典》講「人文」是指「人類社會的各種文化現象」。而《大不列顛百科全書》說「人文主義」是「高度重視人和人的價值觀的一種思想態度」。我們過去比較忌諱談「人文主義」,因為牽涉到人的價值問題、人性問題等等,其實大可不必。

我們今天要講敦煌的人文環境。敦煌的這些藝術珍寶,是人所創造的,不是天上掉下來的,不是突然有的。這跟人的創造力、人的欣賞力有密切的關係,人要創造這些藝術,一定要有一個環境、一個背景、一些基礎,沒有這些,藝術品不可能被創作出來。我們東方學會的老會長季羨林先生曾經寫過這樣一句話:「世界上歷史悠久,地域廣闊,自成體系,影響深遠的文化體系只有四個:中國、印度、希臘、伊斯蘭。而這四個文化體系匯流的地方只有一個,這就是中國的敦煌和新疆地區。」這就說明,敦煌是一個文化體系匯流的地方。

絲綢之路從長安出發,到了敦煌這個地方,分成北道、中道、南道三條道路,這三條道路應該是在隋代最終形成。講到隋代,大家知道隋煬帝挨罵名很多,荒淫無恥、下江南、造龍舟等等。但是鮮為人知的是:從秦始皇到宣統,在中國這麼多皇帝裡面,只有一個皇帝即隋煬帝,不是為了戰爭的目的跑到中國的西部地區。在西元 7 世紀初,隋煬帝就開始經略西域。先派了吏部侍郎裴矩去聯絡伊吾(今哈密)的地方政權。大業五年(609),在張掖開了一個非常有名的「二十七國通商大會」。在座的各位如果看過《絲路花雨》這個舞劇就會了解,《絲路花雨》這個舞劇的背景一開始就是二十七國貿易大會。這就類似我們後來宣傳的「文化搭臺、經濟唱戲」模式。有人說這是最早的世貿大會,當然這個比喻不一定準確。「二十七國通商大會」是以經濟貿易為目的的。很多國家的商人都來了,在搞貿易的同時,中亞、印

度、西域、中原各種文化在這交流。據歷史記載，很多舞蹈、音樂等各種文化藝術都在二十七國貿易大會展示，這一點是非常重要的。《隋書‧裴矩傳‧西域圖記序》記載，「發自敦煌，至於西海，凡為三道，各有襟帶」；「故知伊吾、高昌、鄯善，並西域之門戶也，總湊敦煌，其是咽喉之地。」大意是說，絲綢之路有三個門戶：北邊的伊吾；中間的高昌，就是今天的吐魯番地區；南邊的鄯善，今天的羅布泊地區，這三個西域門戶，總的匯通敦煌。敦煌處於咽喉這樣的位置。

這裡展示一張我最近拍攝的三危山照片（圖1），我稱之為「充滿神祕的三危山」，為什麼？《山海經》裡面就描寫了三危山有三個山尖，西王母有三個青鳥蹲在山尖上，作為西王母的使節傳達信息。圍繞著三危山，圍繞著西王母，先秦時

▲ 圖1　敦煌三危山

期中國西部和中原就有很多的交往，後來不管玉石之路也好、青銅之路也好，起碼有一條，很早的時候，中原和崑崙地區就有很多的交往。三危山正是神話裡面一個很重要的地方，莫高窟正對的就是三危山。我剛才講到了，在張掖開的二十七國通商貿易大會後，隋煬帝又把一位公主嫁給了高昌王。從伊吾到高昌，隋代就把它控制在自己的轄區。這就是《隋書‧裴矩傳》裡面講到的。敦煌是咽喉之地，在絲綢之路上處於重要的地位。

下面我們分幾個方面講一講敦煌的人文環境。

二、敦煌人文環境與自然地理環境的依存關係

　　敦煌是比較內陸的地方，有的人說它是「戈壁綠洲」，氣候很乾燥。在古代，它一方面是氣候乾燥，另一方面它有被沙漠包圍的三塊綠洲，每年的降水量，在四〇年代末大概每年是四十幾毫米，但是每年的蒸發量是二千多毫米，大家就想像得到了，下得少，蒸發得多，當然就乾旱了。這是比較特殊的地理環境，據前幾年的測算，大概在二〇〇一至二〇〇三年左右，敦煌的降水量急遽地下降，最低的時候莫高窟的降水量每年大概是二十三毫米左右。

　　敦煌，古代叫沙州，南面是祁連山，古代稱南山，這個南山和野馬山都有五千多米的高峰。敦煌的生命從哪裡來？敦煌有一條大河叫作宕河，那時候叫甘泉水，甘泉水發源於祁連山的積雪。現在祁連山的雪山不太明顯，現在的氣候確實有些變化。敦煌還有漢長城遺址和兩個大關：北邊是玉門關，南邊是陽關。古時候出了陽關、玉門關，就等於出塞了。除了甘泉水，敦煌還有北邊的疏勒河，現在基本上已經沒有了、乾涸了；這邊還有古代大澤，還有一些大的自然湖泊；西邊是白龍堆沙漠，如果看過玄奘的傳記就知道，白龍堆是十分凶險的沙漠，經行那裡十有八九要死在裡面，所以玄奘是很不容易，穿越白龍堆沙漠到印度取經。

　　這種沙漠綠洲在漢代的時候是「多水草，易畜牧」，是一個以畜牧為主的地區。漢代以前在那裡居住的居民漢人比較少，後因為漢武帝開發西域的時候，大量的士兵到那邊屯墾戍邊，後來又遷了一部分內地的老百姓去敦煌，敦煌的人從漢朝開始變多，並且有漢族的人在那裡進行經營開發。為了防止匈奴入侵，就開始修築長城，現在敦煌附近還殘存漢代長城的遺址（圖2）。

　　這個長城遺跡已經二千多年了，能保存下來，很不容易。那個地方乾旱，風很大，經過不斷的腐蝕，現在長城已經殘存很少了。從一些細部的照片，可以看到漢代長城修築的肌理，一層土、一層草夯築而成，這樣這個長城才能夯得結實一點。這些草是什麼植物？有當時的紅柳、蘆葦，一般的就是這些當地的苣草，現在這些很少了。長城沿著疏勒河修築，當時疏勒河的蘆葦非常茂盛，茂盛到什麼程度？據發現的漢代長城簡牘裡面的記載，當時的士兵為了修築長城，天天去割草，一天最多割四十多萬捆，一個士兵平均要割五十多捆。現在我們到玉門關，看到蘆葦比較纖細，因為缺水了。築長城就是為了經營開發，當時光靠畜牧是養不活士兵的，怎麼辦呢？要搞農業，所以在那裡屯墾戍邊，在那種糧食，這樣士兵才有飯吃。漢代屯墾戍邊以前，敦煌的自然環境是「地廣人稀、水草宜畜牧」，這樣一個自然環境，說明漢代在那裡開發，是有一定的條件的。

▲ 圖 2　敦煌附近的漢代長城遺跡

▲ 圖 3　莫高窟　第 249 窟野豬　西魏

　　圖 3 是從莫高窟第 249 窟壁畫裡看到的一幅野豬的圖像，這種圖像比較少，在莫高窟的圖像裡面就這麼一幅野豬的圖像。野豬說明什麼？就是說明當時的自然環境，前面是一頭野豬，旁邊有五六頭小豬。我當時選這個圖像是為什麼呢？大家如果研究過世界史就可以知道，在歐洲發現的山洞裡面有野豬的圖像，歐洲人很驕傲地認為他們

史前時期的繪畫如何如何。我到法國巴黎去講敦煌學，我跟他們說莫高窟的野豬比你們的畫得好。當然這個是開玩笑了。

敦煌出土的漢簡中關於糧倉的記載反映當時的粟、麥等糧食生產也有一定的規模。如果今天去參觀敦煌，可以到鎖陽城遺址看看，那很多遺址都是當時的糧倉。西元前一一一年，增設了張掖和敦煌兩個郡，連著原來的武威和酒泉，就是河西四郡，即《漢書・西域志》上講的「列四郡，據兩關」，兩關就是陽關和玉門關。以上是當時敦煌的自然地理環境的情況，人可以生活了，這樣才有了藝術創作的可能性。這只是自然環境的問題。

三、敦煌居民特點

敦煌的居民有什麼特點？人是人文環境的核心，沒有人，談不上人文環境。漢代以後，敦煌的居民主要由原住民和移民構成。但是原住民比較少，移民是大量的，所以我們說敦煌是一個移民社會。移民社會和多民族聚居是當時敦煌居民的兩大特點。到唐代的時候，敦煌有哪些民族呢？羌族、漢族、粟特族，等等。粟特民族是商業民族，它的流動率很高。唐代的時候敦煌有十三鄉，有專門的一個鄉是粟特鄉。還有回紇人，就是現在維吾爾族的祖先；還有吐蕃人，就是藏族人的祖先，居然還有朝鮮人，還有印度人、波斯人、西夏人，西夏人來得晚一點，在西元十一世紀初，後來西夏人占領了敦煌。敦煌這麼小的地方，有那麼多民族在那裡居住，所以是多民族聚居的。

漢族人遷徙敦煌的情況是怎麼樣呢？據歷史記載，漢武帝的時候元封六年，西元前一〇五年，「敦煌郡，徙民以實之」，就是把內地的老百姓遷到這來充實敦煌。到了西晉的時候，建元之末，西元三八五年，發動淝水之戰的苻堅，「徙江漢之人萬餘戶於敦煌，中州人有田疇不辟者，亦徙七千餘戶」。當時有多少人呢？據統計，這一萬七千多

戶，估計有三萬多人，最少三萬多漢人進來了，敦煌這個地方本來人少，為什麼進了這麼多人？那個時候主要是內地有戰亂，很多世家大族得不到安寧，就大量地移民到這裡來。世家大族傳承文化，很多儒家的學者也跟著過來了。造成什麼現象？那麼多人過來，敦煌安置不下，最後沒有辦法，把這些人又遷到酒泉、張掖去了。這是一次大移民。內地的移民，特別是世家大族到敦煌以後，把傳統文化帶過來了，尤其是帶來了儒家文化，這些世家大族的人辦學校，辦私塾。私塾辦得規模比較大。據歷史記載，當時有人要帶一千多個弟子，少一點的五百個。我們現在一千多學生的小學也還是可以的。一個人就要帶一千多個學生，開講座，講儒學。儒家文化開始在敦煌盛行，敦煌出了很多有名的人物。在座的可能有書法愛好者，兩個書法大家，張芝、索靖就是敦煌的人，張家、索家本來也都是從內地遷徙過來的。

《晉書》裡面講到，李暠要他的兒子留在敦煌，他告誡他的兒子，說敦煌「此郡世篤忠厚，人物敦雅，天下全盛時，海內猶稱之，況復今日，實是名邦」。當時的敦煌不是我們今天看到的西北小城的概念，敦煌在西晉的時候，由於它的文化、人口、經濟，已經成為了全國有名的城市，這是很了不起的。

藏經洞出了一個敦煌本《貞觀姓氏志》，裡面記錄這些人老家是哪裡，哪些姓氏從哪兒遷來的，都很詳細地記載。敦煌的很多姓氏都是內地的世家大族，過來生活並傳播文化。

這是我們講到的敦煌居民的特點，一個移民社會，一個多民族聚居的社會，這樣也就使多種文化在敦煌這個地方可以得到交融。認識這一點，我們再去看敦煌壁畫就會更容易明白一點。

四、敦煌的水利建設和農牧業的生產發展

我們剛才講到，漢代屯墾戍邊是對自然環境做了一些利用，這還不是主要的，因為它當時主要是為了生存，到了魏晉的時候進行開發。魏晉時期，大量的士族移過來，一方面講文化，另一方面要搞生產，生產怎麼搞？敦煌的地理環境、自然條件並不是很好，水不多。敦煌的農耕有一個故事，在《三國志》裡記載，「嘉平中，安定皇甫隆代基為太守。初，敦煌不甚曉田，常灌溉滀水，使極濡洽，然後乃耕。又不曉作耬犁、用水，及種，人牛功力既費，而收谷更少。隆到，教作耬犁，又教衍溉，歲終率計，其所省庸力過半，得谷加五」。意思是說太守皇甫隆去之前，敦煌不太會種田，要用大水來漫灌，又不知道用耬犁、衍溉之法。皇甫隆很厲害，他做了兩件事情：一個就是把中原的二牛抬槓犁地移到敦煌，傳播深耕。所以我們看敦煌壁畫有很多圖畫是二牛抬槓，就是現實生活的反映（圖 4、圖 5）；另一個叫作衍溉，衍溉就是毛細灌法，省水。到年終的時候，大概計算一下，要省一半的勞動力，但是得到的收成，糧食要增產 50%。這個 50% 很了不得，增加 50%，老百姓的糧食就會多餘了，就可以做其他很多的事情。

《太平廣記》著錄《東城老父傳》：「燉煌道，歲屯田，實邊食，餘粟轉輸靈州，漕下黃河，入太原倉，備關中凶年。」[1]關中如果鬧饑荒要吃哪裡的糧食？要吃敦煌的糧食。敦煌人口，唐代開元年間 25864 人，天寶初年 32234 人，天寶末年 16250 人，吐蕃占領時期 25380 人，歸義軍初期 15196 人，歸義軍晚期 45000 人。大家想，45000 人吃飯的糧食是綽綽有餘的。我這次去敦煌剛好碰到敦煌市的市長，我問他現

1 　《太平廣記》卷四八五，中華書局 1961 年版，第 3994 頁。

在敦煌有多少人，他說十九萬七千人，我說你們吃的糧食哪裡來的？
他說大都是從外面買來的。現在的地，現在的水，不可能養活本地人
了。

▲ 圖4 榆林窟第 25 窟彌勒經變中　　▲ 圖5 莫高窟第 61 窟經變畫中農
　　　耕作圖　中唐　　　　　　　　　　　作圖　五代

　　我們在敦煌壁畫裡面看到，水利是農業的命脈，當時曹魏時期由
於在水利農田上的改革，從曹魏一直到唐代，唐代在敦煌的水利建設
是非常好的，最後形成了什麼呢？我們剛才說，主要是甘泉水，甘泉
水周圍的灌溉地帶，有很多幹渠、支渠和毛渠。敦煌研究院有一位研
究員統計，根據敦煌出土的寫卷子內容，到唐代的時候，敦煌的水渠
總長度達到了三五〇公里，可以灌溉二千多萬平方米的土地。可見水
利也是農民的命脈。藏經洞所出 P.5007《詠敦煌詩》有云：

　　萬頃平田四畔沙，漢朝城壘屬蕃家。
　　歌謠再復歸唐國，道舞春風楊柳花
　　仕女尚梳天寶髻，水流依舊種桑麻
　　雄軍往往施鼙鼓，鬥將徒勞獫狁誇。

　　我做了一個統計，天寶初年敦煌沙州城 6395 戶，32234 人，土地
307148 畝，人均 11 畝多。這是什麼概念？我是杭州人，我知道五〇、

六〇年代時浙江那是一個農業大省，浙江人口的平均土地是一畝多，敦煌當時是十一畝多，其中城區十二個鄉，耕地282281畝，實際上種地也是綠化，它占城區的面積71%，從春到秋，整個敦煌區71%是綠的。我們今天哪個城市綠化達到71%？

這是莫高窟裡面的一幅圖（圖6），剛才不是說了敦煌種桑麻嘛，看這個婦女的形象，她上身穿的衣服，質感非常好，我很懷疑是絲綢服裝。我們過去看敦煌壁畫，對服飾我們也有很多研究和關注，但是對它的質地、圖案關注得不夠。我覺得如果要把敦煌當地的一些生產連繫起來，對有些壁畫也許會有些新的認識。

圖7是在敦煌博物館藏的《占雲氣圖》。它有什麼意義呢？它通過彩色的繪畫，加文字解釋，說明天上出現這個云的時候可能要發生的一些事情，比如打仗等等，這裡包含社會生活經驗的總結，不完全是迷信。這個對敦煌地區來講是非常重要的。就像今年（2011）六月十六日的大雨誰都沒有預測到，我們的氣象臺完全沒有預報到這樣的大雨，歷史上這樣的災害很多，敦煌每年有二到三次風災，風很大，我

▲ 圖6　莫高窟第17窟壁畫（局部）

▲ 圖7　敦煌博物館藏《占云氣圖》殘卷

一次帶著幾位編輯走在通往莫高窟的路上，突起大風，根本沒有地方有躲，碗口粗的樹枝都刮斷了。為了解決這個問題，當時古人運用他們的智慧，包含一些猜測，一些迷信，做了這個預測圖。這個現在還沒有人很好地去深入研究。

圖 8 是盛唐時期的大佛像，是彌勒佛像。唐代武則天宣稱她是彌勒下凡，所以她下令在全國塑造了很多彌勒像。有人說，這是以武則天為模特的彌勒像。有一次我就對山西的同事開玩笑（因為武則天是山西文水人），我

▲ 圖 8　第 130 窟彌勒大佛

說你們山西女人是長這個樣子嗎？他說完全不是，這是美化的。但是武則天那個時候要造像，要藉助佛教神化她自己，在敦煌也有體現。唐代的時候有泉、有湖泊、有水池，自然環境比今天我們所看到的要好得多。但是，我剛才講到開發，有沒有破壞？當然有破壞。不僅晚唐五代到宋初的時候有，實際在曹魏的時候已經有破壞了。在北涼到北魏的時代，敦煌、酒泉地區已經比較空虛了，土地大量的沙化，人口大量的減少，最少的時候減少到只有一萬六千人左右。在晚唐五代又出了問題，大家看莫高窟就知道，晚唐五代，一些統治者，有權有錢有勢的人，大量地造窟。我們根據敦煌的《李克讓碑》記載，莫高窟有一千多個洞窟，還有寺院十七所，百餘處蘭若、佛堂及其他寺觀。《敦煌錄》：「古寺僧舍絕多……每窟動計費稅百萬，前設樓閣數層，有大像堂殿，其像高 160 尺。其小窟無數，悉有虛檻通連。」

宋朝乾德四年（996），曹元忠建一個大窟，用了木匠五十六人，到祁連山去伐木，祁連山有原始森林。造成什麼後果呢？祁連山大量

的森林被毀，水土流失，我們知道那個時候有暴雨，造成整個壽昌城被沖毀，被淹掉了。後來有的考古學家認為，陽關很可能也是被洪水沖毀的，這是一個大損失。所以說建設的同時，有時候又帶來一些破壞。還有一個很特殊的地方，吐蕃人占領敦煌的時候，他們繼續大量造窟，因為他們也信佛教。另一方面，當時在農業上有一個新的現象出現了，即吐蕃占領時期，敦煌有了水稻，種水稻要有水，敦煌本身缺水。吐蕃占領的時期有水稻說明什麼？首先，這是文化的交流，吐蕃地區原本沒有水稻，是從中原地區傳入的；第二，自然環境的改善，有水才能種水稻。在明代以後，由於朝廷管理內縮到嘉峪關以裡，嘉峪關以西都不管，鞭長莫及，所以敦煌就漸漸荒廢了。

清朝繼續經營西域，雍正時，遷了很多人到敦煌屯墾戍邊，人口就快速增長，植被也開始恢復了。到雍正後期，安西到榆林這一帶仍有二百多公里的天然林帶形成。一直到二十世紀四〇年代，向達先生去考察的時候，還有大量的林帶。敦煌周邊有 198 萬畝的土地，都是有綠化的。但是，很可惜，二十世紀五〇年代我們搞了一個「大躍進」，出現了很多的問題。向達先生四〇年代考察時見到的楊樹沒有了。二十世紀五〇年代初敦煌周邊三個林區 119.7 萬畝紅柳、沙棗、胡楊林，現在只剩下不到 20 萬畝，就是 100 萬畝沒有了。當時為了有更多的農田，在五〇、六〇年代的時候，蘇聯的赫魯曉夫在哈薩克斯坦大量地開墾農田，結果草原退化、消失，形成了大量的荒漠地帶，這就是一個後果。

五、敦煌人口

我這裡畫了一張敦煌歷代人口變化表（表 1）：敦煌在漢代的時候不到三萬人，後來漢武帝經營了以後，達到了三萬人，到了三國、晉

朝，大量的移民移到敦煌以後，最多的時候達到十一萬人口，由於養不活又外遷，數量馬上就下來了，加上大量的土地沙化，最後又剩下 1 萬多人。從唐代開始，恢復到大概 3 萬多人，到了歸義軍後期將近 4.5 萬人。到雍正時代，大概是有 4 萬多人。到 20 世紀末，發展到 11 萬多人。現在是 19.7 萬人。

人口的變化說明什麼問題呢？我們講人文，敦煌當年住的是哪些人？商人、當地的農民、住戶，還有一部分造窟的畫匠、畫師、僧人，這些人加起來，如果是三至四萬人左右，

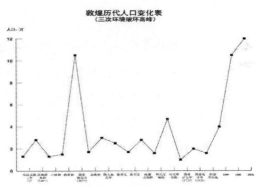

▲ 表1　敦煌歷代人口變化表

敦煌的糧食不但是綽綽有餘，還可以運到關中去備饑荒。但是如果到了十幾萬人以上，敦煌就不可能養活自己。之所以莫高窟開窟那麼多，有那麼多人去畫壁畫、去雕塑，是因為它有經濟基礎，能夠吃得飽飯，穿得暖衣服，還有其他一些的條件。

六、敦煌的歲時節日文化

什麼叫歲時節日文化？我們知道二十四節氣，還有很多節慶，比如說端午、清明，我們中國就有很多傳統節慶，到每個歲時節慶的時候要舉行很多民俗活動，這些民俗活動是有文化內涵的。敦煌的民俗文化活動相當豐富和頻繁。我做了一個大概的統計，從春節大年初一到除夕，敦煌當地要舉行的節慶活動不下四十次，平均一個月至少三次以上，有的月份可能五至六次活動。這是大的活動，小的活動還要多。大家看敦煌研究院譚嬋雪研究員統計的敦煌節慶活動概覽：

正月：履端之慶、桃符題辭、歲祭拜、踏舞、安傘旋城、印沙脫佛脫塔、立春祀、上元燃燈、祭風伯、賽天王、賽襖、賽金鞍山神等。

二月：二月八日法會講經、行像、二月十五佛忌日、釋奠祭先師、祭社稷、馬祖祭等。

三月：上祀祓禊、寒食、清明、祭川原、祭雨師等。

四月：佛誕、僧寺結制、駝馬入草賽神、賽馬毬、相撲、結葡萄賽神、賽青苗、賽金鞍山神等。

五月：端午登鳴沙山滑沙、賽駝馬神、仲夏雩祀等。

八月：點天灸、仲秋佛事、賽張女郎神、馬羊賽神、網鷹、賽社、賽青雷等。

這只是其中半年的，另外六個月也有幾十項活動。

一月份「賽襖」是粟特人的傳統，粟特人崇拜襖神，在藏經洞發現的文書中就有襖神的形象（圖9）。敦煌的節慶不僅含有佛教的文化，還有道教的文化，還有國外傳來的東西，它的宗教文化就通過歲時節慶反映出來。這些歲時節慶活動的記載，在藏經洞的文獻裡都有。我們可以看到，在唐、五代的時候，敦煌的老百姓是怎樣舉行這些活動的，比如說敦煌當時有一個女人社，進行文體活動，踢毽子、跳繩、拔河、踏青、跳舞等等，這些活動都要有經費，經費不是要錢而是要食物，各家出油、出米等等，大家湊份子來舉辦文體活動。說明這是有經濟基礎的，如果吃不飽、穿不暖，哪有錢來進行活動呢？節假日多、文化活動多，是經濟發達的表現，如果吃不飽、穿不暖，還過什麼節？現在也是一樣，為什麼我們現在過端午、中秋都放假而過去沒有？因為我們現在有這個條件。

▲ 圖9　祆神圖

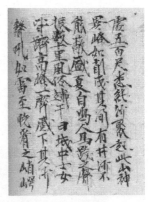

▲ 圖10　S.5448 號《敦煌錄》殘卷

再比如，我們從《敦煌錄》殘卷中還可以看到在敦煌滑沙的記載（圖10）。到了端午節這一天，城中男女一起出動，爬上鳴沙山去滑沙，會發出很響的聲音。前些年敦煌專門還組織學生去鳴沙山重溫了滑沙運動，還用了專門的測試設備，測試了一下有八十多分貝，確實是很大的聲音。現在的滑沙已經變味了，雖然也有滑沙，就是把人拉上去，拿個木板滑下來，往往聽不到響聲了。

鳴沙山下有泉水湧出後形成的月牙泉，但是沙不會把泉埋掉，因為地形特殊，一颳風，鳴沙山的沙是飛旋而上的，而不是往下的。

再看圖11，這是嘉峪關出土的一個畫像磚，圖中人物架著鷹（有的還帶著狗），就表明要去打獵了，後來變成了民俗活動，也有人認為這是一種體育活動。

圖12是藏經洞所出的白描摔跤圖，現存法國。很像日本相撲，看裡面的人睜大眼睛，露出肌肉。畫匠往往先畫一個白描草稿，根據草稿再畫到壁畫上去。這個摔跤的形象就畫得很生動。

圖13是藏經洞所出射鼓（一說射鐘）比賽的絹畫，藏在巴黎的吉美博物館，我以前沒有看到過，這是二〇〇五年我從俄羅斯艾爾米塔

什博物館的一本圖錄書裡拍攝的，很有意思。一個紅衣人，一個黑衣
人，在射皮鼓。射皮鼓一是比准，要射到中心；第二個要圖 13 射箭圖
比力量大，穿一隻鼓是一種力量，穿兩隻說明力量更大，可以看出是
放了五隻鼓，如果都能穿過去，就說明他的力量最大。敦煌的歲時節
日文化可講的太多了，時間關係，就不展開講了。

▲ 圖 11　架鷹圖　嘉峪關魏晉墓壁
　畫磚

▲ 圖 13　射箭圖

▲ 圖 12　摔跤圖（P.2002）

七、敦煌的祠廟寺觀

敦煌地區反映各種宗教信仰的祠廟寺觀也是文化交流的重要場
所，其數量（包括僧尼人數）占當地人口比例之大為全國罕見，充分

體現了敦煌作為絲綢之路咽喉的特殊性。

據史籍記載，敦煌最早的寺廟是西晉時候建立的，叫聖嚴寺，是西元二六五年建立的，是西域來的和尚建立的。後來建寺廟越來越多，包括石窟寺，從西元三六六年樂傳和尚開第一個窟起，不斷地開窟，最多的時候有一千多窟。敦煌地區反映各種宗教文化的祠廟寺觀，包括僧尼的人數，占當時的人口比例之大，為全國罕見。據大略統計，西晉到晚唐，敦煌地區像倉慈廟這種民間的寺廟有 20 所，神泉觀等道觀有 10 處，三界寺等佛寺 59 個，另有蘭若 22 所，佛堂 14 個。歸義軍時期敦煌佛教寺院 17 所，僧尼 1100 多人，平均一所寺院有 65 位僧尼。根據史書記載，當時全國寺院 5368 所，僧尼 126000 人，平均下來一個寺院是 23 人，而敦煌平均是 65 人，幾乎是全國平均數的三倍，說明敦煌寺廟的規模是比較大的。

敦煌這個地方各種宗教都容許存在，各種宗教活動都在同時進行，各種宗教的文化都在互相交流。這些交流的成果也反映到藏經洞的文獻、敦煌的壁畫和彩塑裡面。

圖 14 是現藏在英國倫敦圖書館的唐朝咸通九年（868）印刷的《金剛經》。後來我們知道韓國收藏了武則天時候印的經，當時韓國就開了兩次國際會議，宣稱印刷術是韓國人發明的，因為這個佛經在他們那裡，這個佛經上有很多武則天

▲ 圖 14　唐咸通九年（868）《金剛經》刻本

時代的字，武則天製造的特殊的字在上面。後來我們很多專家寫了很多文章，韓國人也不認，啟功先生寫了一篇文章說，在韓國印的也不

是不可以，唐朝有一個規定，屬國也是可以印的，韓國當然不承認是我們的屬國，所以就拉倒了。

八、敦煌的學校教育問題

現在不是講教育體制改革的問題嗎？我覺得我們這幾十年的教育，中國真正傳統的好東西並沒有很好地發揚。我們引進了一些並不是我們真正需要的東西。我講敦煌的學校教育為證。敦煌地區的學校教育分為官學、私學（義學）、寺學三類，均得到當地政府的提倡與保護。兩晉南北朝時期河西地區因儒學講習的繁盛，對敦煌地區主流文化的興盛起到促進作用。官學是國家辦的，有州學、縣學、郡學等等，還有畫院，敦煌的壁畫有外面請來的來畫，也有大量的敦煌的伎術院培養的人才來畫壁畫；私學就是私塾，近代以來，敦煌的私塾就非常發達，中原的世家大族在這裡授課；還有一個就是寺學，敦煌的寺院是辦學校的，解決晚唐五代時期教育問題，這叫寺學，小和尚也是學士郎。我們在敦煌卷子裡發現了大量的學士郎的作業，學士郎練習寫的詩歌。

現在來講藏經洞的性質，藏經洞為什麼有這些東西？我很懷疑，藏經洞是寺學的資料室，有教材，有一些作業，因為我們發現了張議潮的作業，他當上第一任的節度使，年輕的時候就在寺學裡上過學，學的時候抄了一首無名和尚所寫的詩歌，表達了他的志向，過了幾十年，他領導當地民眾起義了，收復了唐朝失地。他當學生時的作業留下來了。還有其他的一些統治者子女的作業也在這裡發現，說明寺學教學得到當地統治者的認可。

我們中國古代辦寺學是有傳統的，寺學學什麼？學兩種：內學和外學。所謂的內學，就是跟佛典有關的經律論；外學學什麼？就是四書五經及普遍的文化知識。中國的佛家從來都講文學素養，不是光講

佛經典籍。敦煌給我們很大的啟發。據統計，敦煌當時有十一所寺廟都辦了學校。淨土寺從西元八七〇年到九七三年都還在辦，超過了100年，還有蓮臺寺（893-936）、金光明寺（905-922）、乾明寺（915）、三界寺（925-975）、永安寺（923-983）、龍興寺（917-920）、靈圖寺（927-936）、大云寺（958-962）、顯德寺（977）、城南寺（？）。

　　圖 15 是金光明寺學一個姓安的學士郎抄的《秦婦吟》。《秦婦吟》是唐代最長的一首敘事詩，有一六六六個字。《全唐詩》裡面並沒有，它亡佚了。為什麼呢？寫《秦婦吟》的人叫韋莊，他後來是很有名的詞人。他去長安考進士的時候，碰上了「黃巢起義」，他這首詩就寫當時京城長安的亂象，官兵殺，土匪也殺，燒殺搶掠，搞得一塌糊塗，甚至把許多公卿

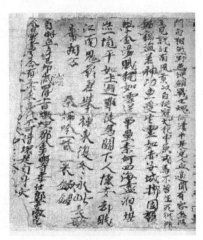

▲ 圖 15　《秦婦吟》（S.0692）

士大夫都殺了。他的詩借一位「秦婦」之口反映了當時的悽慘場景。後來五代時有一本筆記《北夢瑣言》上有一則記載，說這個韋莊因為寫《秦婦吟》太出名了，所以人家都叫他「秦婦吟秀才」，還引了其中兩句詩：「內庫燒為錦繡灰，天街踏盡公卿骨。」但是由於這首詩觸犯了官家尤其是公卿大官們，這位「秦婦吟秀才」自己也忌諱這首詩，不許他的後人懸掛此詩詩幛，結果就失傳了。後來這首詩在莫高窟藏經洞裡面發現了，有十幾個抄卷，王國維根據這些殘卷整理，復原了完整的一首詩。這個是很了不起的事情。

　　我關注的是兩個事情：第一個，《秦婦吟》這樣的詩，我們今天不要說本科生，研究生都沒有學這首詩，太長了。可是藏經洞發現這首

詩的抄本，說明怎麼回事？說明這是當時寺學僧人教授給學生講的教材。上圖末尾這個學郎還題了一首五言打油詩，說今天《秦婦吟》抄完了，可以抵五斗米。原來是他借了老師的高利貸，老師讓他抄詩還貸。這個不奇怪，敦煌的寺院經濟也很活躍。當時寺院裡面還搞拍賣，就是有僧人去世了或者調走了，留下的衣物都拿出來「唱衣」，就是拍賣。我們在敦煌發現的《秦婦吟》手抄卷沒有一個卷子抄得很漂亮的，有很多的錯別字，為什麼？都是學士郎抄的。學士郎抄詩還說明一個問題，就是他們很注意文化的學習，還學習寫詩。

我們在藏經洞發現的學士郎的詩歌裡面，五花八門，什麼內容都有，還有小和尚寫情詩的，說看到一個十五六歲的小姑娘，長得多麼漂亮，我整天想她。可見當時是比較開放的。還有寫詩嘲諷老和尚的。我看到有一首詩寫一個老和尚到禪窟裡面示範坐禪。老和尚穿著非常華麗的袈裟，拿著紫金的錫杖，到裡面去坐禪了。後來出來了，頭上沾了稻草。這就滑稽了，因為修行坐禪是必須坐在草墊上，可見他在裡面睡覺，頭髮上才會沾稻草。還有漢族的小和尚諷刺胡僧的詩。不要小看這些詩，說明寺學裡面教詩歌。

我們現在說要振興國學，我在人大國學院說，如果是合格的畢業生，必須會寫詩，要不你怎麼是國學院的畢業生呢？但是現在不僅學生不會寫，連老師都不會寫了。在敦煌這個地方，和尚都能教詩。我是中文系研究生畢業的，除了導師啟功先生私下叫我寫寫看，我平時都不敢寫，因為我確實不懂古詩聲律，課堂上一般不講。敦煌寺院的小學生都練習寫古詩，相比現在，哪有多少人會寫古詩？不能不感嘆我們是大大退步了。

敦煌的教學還有雙語教學，為什麼要雙語教學？絲綢之路的樞紐，東面的人要到西面去，比如玄奘要到印度，要不要學梵文呢？西

方的人要到中原做生意，不懂漢語怎麼做生意？敦煌成為一個學習多種語言的地方，所以我們發現有些敦煌卷子裡，一邊寫漢文，一邊寫藏文，有的漢文很漂亮，藏文很糟糕；有的是藏文很漂亮，漢文很糟糕。說明有的是漢族學生，有的是藏族學生。這一點非常有意思。

　　敦煌歷代很多統治者，好幾任節度使的子弟都在寺廟的寺學學習，為什麼不到官學學呢？說明當時敦煌的寺學的水平高於官學、高於私學。吐蕃人打來了，那些有文化、儒家的漢族知識分子嚇得要死，怎麼辦？逃又逃不遠，於是就出家當和尚。當了和尚就可以教學，吐蕃人不會殺和尚。所以寺學的教學水平都非常高。我發現了一個材料，敦煌有一個卷子，是一個僧人教官寫給太保的──敦煌地區最高的統治者。這個信的大意是這樣的：我很感謝您信任我們，把您的子弟送到我們這個寺廟裡學習，因為我們的教學質量很高。

　　敦煌的學校教育為敦煌培養了很多優秀人才，為敦煌的文化發展起了一定的作用，同時給我們今天一定的啟發。我們今天的學校教育應該怎麼做？比如說我在中文系上研究生的時候，後來啟功先生給本科生上課，上詩詞課，啟功先生的方法很好。他給本科生講詩，就念三首詩，一首詩念三遍，唸完了，再吟唱一遍給學生聽聽，然後讓學生自己念。唸完了，有幾個字稍微解釋一下，別的就不講了，這堂課的效果就不一樣了。這就是一個傳統的讀詩、學詩、寫詩的方法，非常有效。這些年來講詩歌，總是時代背景、作者介紹、思想內容、藝術特點這一套，從小學講到初中，講到高中，講到大學，一直這麼講。一首《靜夜思》就二十個字，有的老師講幾千個字。啟功先生打比方，這就好像一個饅頭，把它掰爛了，放到嘴裡，嚼爛了，再吐出來餵給你吃，有多噁心！

　　敦煌的寺學教學，對我們今天的教育有很大的啟發。我們看敦煌

的壁畫、卷子，有很多學生的東西，也有老師的，畫作有初級的，也有非常高水平的。曾經有一位學美術的人，說敦煌的畫沒什麼了不起的，這些畫家名字都沒有留下。我說吳道子、閻立本的畫今天你能看到真跡嗎？看不到了，這些有名的畫，過去在長安、洛陽都有，但歷經戰亂都消失了。敦煌的繪畫保留下來了，可以說是代表了唐朝、五代最高水平的畫作。我們就聽過這個故事：當年張大千在敦煌臨摹壁畫的時候，有的壁畫上的供養人有二米多高，一條線下來就一米多長，要很流暢，不打彎、頓滯。聽說張大千那個時候手有點發顫，不敢下筆，因為畫不好就出洋相了。我們很佩服那些沒有名字留下來的畫家，他們確實是高手，代表了當時最高的繪畫技術。

九、敦煌商貿

我一開始就講到「二十七國貿易大會」，敦煌的商貿活動集中體現在：商旅業發達，手工作坊、加工業的繁榮與以物易物、物流迅速等方面，帶有早期「國際經貿」的特點。同時，又有相當繁榮的寺院經濟活動，為敦煌成為「華戎所交，一大都會」的絲路重鎮、國際文化都會創造了條件。絲綢之路的商貿活動當然非常活躍，敦煌的經濟活躍到什麼程度呢？和尚都可以做生意、放高利貸。我們從卷子裡面看到有某和尚店、某僧官店，僧人都是可以開店的，正是說明敦煌地區大家都在搞經貿活動，物流迅速。我舉一個在莫高窟藏經洞裡面發現的一首編號為 P.3644 卷的闕題詩，敦煌研究院有的學者把它叫作店鋪廣告詩：「厶乙鋪上新鋪貨，要者相問不須過。交關市易任平章，買物之人但且坐。」寫卷裡還說：「厶乙鋪上且有：橘皮胡桃瓢，梔子高良姜。陸路訶梨勒，大腹及檳榔。亦有蒔羅蓽撥，蕪荑大黃。油麻椒蒜，阿苗藕弗香。甜乾棗，醋齒石榴，絹帽子，羅襪頭。白礬皂礬，紫草蘇芳。砂糖吃時牙齒美，飴糖咬時舌頭甜。市上買取新襖子，街頭

易得紫綾衫，闊口袴，嶄新鞋，大胯腰帶拾參事。」可謂百貨俱全。我
尤其驚奇的是檳榔，我到臺灣去，臺灣到處都有賣檳榔的，大陸很
少，在北京那時候沒有，最近有一點了。但是在一千多年前的敦煌，
那個小鋪子就有檳榔。有很多西域過來的東西，還有從中原過來的東
西，有很多內地過來的東西，從東南沿海來的東西，説明物流很迅
速。敦煌的商貿，我們就從這一首小廣告詩裡面就看出來了。當時敦
煌城內的店鋪有康家、朝家、王富昌、石家酒店、曹家、安家、羅家
等等許多家。而寺院還把糧食加工、借貸、典當、拍賣等都放在寺院
裡面進行。剛才我們講到了唱衣，以前我們很多老專家都不知道唱衣
是什麼，後來經過有的專家研究，才發現是拍賣。這些都説明敦煌的
商貿業是非常發達的。《後漢書·郡國志》劉昭注引《耆舊傳》説敦
煌：

> 國當乾位，地列艮墟，水有懸泉之神，山有鳴沙之異，川無蛇
> 虺。澤無兕虎，華戎所交，一大都會。

這就是敦煌大的人文環境。從這點，我們對莫高窟為什麼有這麼
輝煌的東西，也許就不會太奇怪了。

這是莫高窟 407 窟的圖案（圖 16），飛天的飄帶顯示速度非常快，
中間是三隻兔子，兔子外面是蓮花，三隻兔子只有三隻耳朵。我們説
三隻兔子應該六隻耳朵，但是這裡是三隻耳朵。聽説日本有人曾經懸
賞，看誰能解釋三隻兔子為什麼只有六隻耳朵。其實很簡單，它在圍
繞蓮花非常迅速地旋轉，我們的眼睛有錯覺，兔子飛奔的時候，六隻
耳朵就變成了三隻耳朵。只有隋代的洞窟有群飛天，而且更有意思地
這幅畫裡出現了僧人飛天。我們知道飛天本來是天上的神，和尚怎麼

飛到天去了，這就是藝術的創作，不拘一格，能夠把僧人的飛天融合在天國的飛天裡面去，非常自然，沒有讓人感到彆扭。我們知道隋煬帝時候開發西域，敦煌莫高窟隋代開的窟很多，因為隋文帝信佛，隋煬帝也做了很多的推廣活動。隋代只有幾十年的時期，但是隋代的文化、藝術、文學有自己的特點。如果我們沒有參觀過莫高窟，不要緊，你到莫高窟講解員會跟你詳細地講解，這是隋朝洞窟，你很快就會明白了，這就是因為它的特色很鮮明。

▲ 圖 16　第 407 窟藻井圖案

　　最後，根據我前面講的敦煌的人文環境，可以看出敦煌文化的特性，我個人認為，敦煌歷史文化有三個特性：

　　第一，延續性。在佛教中國化進程之中，儒家文化起了主導作用，兩千多年來是一脈相承的。儒家文化起主導作用的基礎是什麼？是共性。如果儒家文化、道家文化、佛教文化沒有一定的共性，是不可能融合，它們在許多地方是有共性的。敦煌出土的卷子中有《老子化胡經》，裡面講，老子是道家的，說你這個佛教是老子教出來的。但是我仔細看看裡面的具體內容，他講道家的戒律，一條一條，大概講了十七八條，當中有十三四條是借用佛教的戒律。誰化誰呢？佛教中國化的過程中，因為與儒家文化、道家文化有共性、有基礎，才能融合在一起，它們符合文化交流、文明進步的本質起了決定性作用。如果是水火不相容的，不可能融合在一起，這是一個非常重要的問題。這符合歷史發展的情況，也符合文化交融的一個規律。

　　第二，兼容性、多樣性。我們知道，敦煌是一個民族文化交流大

舞臺，大舞臺當然有碰撞。比如說，吐蕃人來了，會造成一些碰撞，但是吐蕃人信佛，敦煌的佛教文化很發達，吐蕃人很快就融入當地的佛教文化裡面，而且他們要很好地統治敦煌地區，必須很好地理解漢族文化，所以藏族人學漢語，漢族人學藏語，這種兼收並蓄應該是成為一個文化交流的主流，達到互相取長補短。

我是不太願意講「化」這個詞，什麼漢化、胡化。我們過去講洞窟藝術，說這個是胡風洞，這個是漢風洞，我不太贊成。為什麼？我們去看敦煌莫高窟，南區有四九二個洞窟，眼花繚亂，看了以後你會發現洞窟的形式、壁畫的內容，有民族宗教的，有道教的，有神話傳說的，有佛教的，裡面什麼風格都有，你說它到底是什麼洞？這種交流造成了中國今天的傳統文化。我非常贊同季羨林先生提出的「大國學」。什麼是大國學？我們的國學絕不只是儒家，絕不只是佛經，而是各民族文化交流形成的中國的豐富的傳統文化，包括了很多少數民族文化很優秀的東西在裡面，包括佛教。這一點是非常重要的方面。

第三，地域性。絲綢之路特殊環境，咽喉之地，形成了鮮明的地域特點。它五彩繽紛，展現出多彩多貌的情況，這就是孔子講的「和而不同」。孔子講：「君子和而不同，小人同而不和。」敦煌之所以能夠留下這麼燦爛輝煌的文化，這是非常重要的一點，它的文化特徵是和而不同的。

日本人拍過《敦煌》的電影，小說原作寫得很好，電影拍得也很好，在全世界風行了好一陣。但是我不同意這個電影的基調，是因為西夏人打到敦煌來，戰亂，令人很恐慌，就把很多東西藏在洞窟裡面封起來，在外面畫上壁畫，藏經洞是這麼產生的。實際上不是這樣。第一，西夏人也信佛，他們占領敦煌以後，沒有任何燒殺搶掠的行為，描述西夏人殺進來，火海、血海一片，這是不可能的事情。第

二，我們去看藏經洞外面的壁畫，畫得非常細緻，匆匆忙忙封起來能畫得這麼好嗎？不可能。藏經洞跟寺院的學校是有關係的，佛教的寺院在裡面開辦學校，教小僧人，教學士郎學習。有些經卷要抄補、要修復，可能這些東西要保存起來紀念它，因此把這個洞封起來紀念，這個可能性比較大。西夏人打進來，突厥人打進來，也許當時根本就沒有打進來；不然解釋不了怎麼可能創作那麼多這麼精美的壁畫。説「廢棄」也不合適，如洞裡有唐太宗的《溫泉銘》搨本，多好的書法，還有很精美的絹畫等文物，今天都是國寶。怎麼可能會隨便扔掉呢？藏經洞裡有各種民族文化、宗教文化在這個特殊地域裡的遺存，它作為一個縮影，體現了敦煌文化的延續性、兼容性、地域性。莫高窟的壁畫、雕塑，還有藏經洞的文獻，都有深厚的人文基礎。如果沒有敦煌這樣的經濟基礎，沒有農業、水利的發達，沒有商貿的發達，沒有學校的發展，沒有宗教文化的發達，不可能有今天的文化。

今天匆匆忙忙地把我的一些感受跟大家進行交流，講得不對的地方，請大家批評，謝謝！

（本文是 2011 年秋在深圳關山月美術館所作敦煌文化講座的記錄整理稿）

王國維對敦煌寫本的早期研究

作為二十世紀初中國最著名的國學大師，王國維先生雖在政治上持保守態度，而在學術上卻頗為開放。他一方面身體力行，堅守乾嘉樸學傳統，另一方面又肯定道咸之際開始形成的新學潮流；他非但一貫致力於傳統漢籍及中原出土的鐘鼎銘文、碑刻、石經、甲骨的考釋，也十分關注邊疆史地及西域出土的簡牘文書的考訂；他不僅樂於接觸並引進和吸收西方的哲學、美學思想，而且與東鄰日本學者有密切的切磋交往。這就形成了他鮮明的治學特色。恰如陳寅恪先生一九三四年在《王靜安先生遺書序》中所歸納的：

詳繹遺書，其學術內容及治學方法，殆可舉三目以概括之者。一曰取地下之實物與地上之遺文互相釋證。凡屬於考古學及上古史之作，如殷卜辭中所見先公先王考及鬼方昆夷獫狁考等是也。二曰取異族之故書與吾國之舊籍互相補證。凡屬於遼金元史事及邊疆地理之作，如萌古考及元朝秘史之主因亦兒堅考等是也。三曰取外來之觀念與固有之材料互相參證。凡屬於文藝批評及小說戲曲之作，如紅樓夢

評論及宋元戲曲考、唐宋大曲考等是也。（見《金明館叢稿二編》，上海古籍出版社 1980 年版，第 219 頁）

　　在這段話中，陳寅恪先生沒有提及王氏的敦煌學專論，但他於一九三〇年所作《陳垣敦煌劫餘錄序》中云：「吾國學者，其撰述得列於世界敦煌學著作之林者，僅三數人而已。」我認為，這「三數人」，是應該包括王國維在內的。王國維在敦煌學開創期對敦煌藏經洞所出寫本的研究，可以作為他治學方法的典型例證。

　　一

　　我們考察二十世紀敦煌學開創、形成的歷史，當然不能忘記羅振玉、王國維二位大師的篳路藍縷之功。同時，亦應注意到日本學者在調查、提供、交流敦煌資料方面起到的不可忽視的作用。眾所周知，斯坦因、伯希和劫走大批藏經洞卷子的消息在學界傳開後，最積極赴歐洲查閱、抄錄敦煌寫卷的，就是日本學者。早在一九〇九年十一月二十八至二十九日京都帝國大學史學會的第二屆年會上，就展出了內藤虎次郎、狩野直喜從羅振玉處得到的敦煌寫本照片；第二年八月，帝國大學派內藤、狩野等五人赴北京調查敦煌寫本；一九一二年，又專派狩野博士赴巴黎、倫敦查閱敦煌寫本；一九一六年秋，矢吹慶輝赴英、俄調查敦煌文獻。日本學者的這些早期查訪活動，都和羅振玉、王國維等中國學者聲氣相通。如一九一二年九月二十六日，當時寓居日本的王國維知道狩野赴歐，就寫了六十六句的七古長詩相贈，詩中即有「商量舊學加邃密，傾倒新知無窮已」、「石室鈆書自能事，縞帶論交亦故情」的句子，道出了他們之間在學術切磋中結成的友誼和對敦煌遺書的共同關注。我們在後面將會看到，王國維為敦煌文獻所撰寫的跋，一大半都是據狩野直喜博士提供的原卷錄文。

　　王國維對敦煌文獻的整理研究，始於一九〇九年協助羅振玉校理刊印《敦煌石室遺書》及翻譯斯坦因的《中亞細亞探險記》。一九一一年羅、王二氏赴日寓居後，敦煌文獻逐漸成為王氏治學的重要對象。據我查閱，算上一九〇九年的譯文，到一九二〇年為止，王國維發表的敦煌寫卷專論文章有三十篇（則），現試按撰寫時間羅列如下：

（1）翻譯斯坦因《中亞細亞探險記》（1909 年冬）

（2）唐寫本《太公家教》跋（1911 年 6 月，據羅氏藏本）

（3）唐寫本《春秋後語》背記跋（1913 年 6 月，據羅氏藏本）

（4）唐寫本《兔園冊府》殘卷跋（1913 年秋，據羅氏藏本）

（5）《流沙墜簡》序（1914 年春）

（6）《流沙墜簡》後序（1914 年 4 月）

（7）敦煌所出漢簡跋 14 則（1914 年）

（8）流沙墜簡考釋補正及自序（1916 年）

（9）書巴黎國民圖書館所藏唐寫本《切韻》後（1917 年）

（10）書吳縣蔣氏藏唐寫本《唐韻》後（1917 年）

（11）書《論語》鄭氏注殘卷後（1917 年，據伯希和藏本及大谷蒐集品）

（12）唐寫本《唐韻》殘卷校勘記自序（1918 年 6 月）

（13）唐寫本殘《職官書》跋（1919 年，據狩野直喜博士錄本）

（14）唐寫本《食療本草》殘卷跋（1919 年，據狩野錄本）

（15）唐寫本《靈棋經》殘卷跋（1919 年，據狩野錄本）

（16）唐寫本失名殘書跋（1919 年，據狩野錄本）

（17）唐寫本《大雲經疏》跋（1919 年，據狩野錄本）

（18）唐寫本《老子化胡經》殘卷跋（1919 年，據伯希和藏本）

（19）唐寫本韋莊《秦婦吟》殘卷跋（1919 年，據狩野錄本，後據

　　　　法藏本又跋）

（20）唐寫本《雲謠集雜曲子》跋（1919年，據狩野錄本）

（21）唐寫本殘小說跋（1919年，據狩野錄本）

（22）唐寫本《敦煌縣戶籍》跋（1919年，據狩野錄本）

（23）宋初寫本《敦煌縣戶籍》跋（1919年，似亦據狩野錄本）

（24）唐寫本《字寶》殘卷跋（1919年）

（25）唐寫本《新鄉眾百姓謝司徒麥恩牒》跋（1919年）

（26）唐寫本《季布歌》《孝子董永傳》殘卷跋（1919年）

（27）唐寫本迴文詩跋（1919年）

（28）于闐公主供養地藏菩薩畫像跋（1919年）

（29）曹夫人繪觀音菩薩像跋（1919年）

（30）敦煌發見唐朝之通俗詩及通俗小說（1920年）

　　以上統計，不包括這一時期王氏所撰與敦煌學研究有密切關系的《摩尼教流行中國考》、《西胡考》、《井渠考》、《題敦煌所出唐人雜書六絕句》及為新疆所出一些簡牘、文書所作的跋文等。還需要說明的是，以上所列文章，只有少數在文末有作者自署寫作日期，所以只能根據其他資料（如書信、年譜等）來進行編年，難免會有疏漏，謹望識者補正。有部分跋文，王氏明確寫明錄文來源，並以狩野氏提供的英藏寫卷居多，但是這些材料何時獲得，亦無記載，一九一六年二月四日，王國維離京都赴神戶乘船回國，狩野氏前往送行，我推測此時或此後以敦煌資料相送的可能性較大，所以大部分跋文都在一九一九年寫就。當然，我也注意到，狩野氏於一九一五年在《藝文》上發表了《唐抄本尚書譯文考》及「正誤」，一九一六年又在同一雜誌上發表了《中國俗文學史研究資料》（1、2），肯定會對王氏撰寫跋文有影響。

二

　　前列第（2）至（29）目，均是序、跋類文章，帶有中國學者早期敦煌學研究的顯著特徵；第（30）目則實際上是前面一些跋文的歸納和擴展，可算作是敦煌學過渡期的一篇論文，既表明了研究的逐步深入，也體現了王國維的治學途徑。限於篇幅，下面即以王氏對敦煌所出的文學寫本的研究為例來略作說明。

　　由於藏經洞寫本大量流散海外，早期敦煌學研究最緊迫的首要任務是抄錄並刊布海外藏卷，蒐集國內遺珍並加以編目，與此同時，開展個例的分析研究。因此，對於有深厚國學功底的中國學者與較好漢文化修養的日本學者來講，最簡捷有效的辦法就是在整理、刊布錄文的基礎上撰寫言簡意賅的序、跋（或「書後」）。在前列第（2）至（29）目中，王國維針對「純文學」意義上的敦煌寫本所撰寫的跋文僅六篇（則），一篇寫於一九一三年，其餘均作於一九一九年。先分別略作介紹和說明。

　　第一篇：唐寫本《春秋後語》背記跋

　　此跋據羅振玉藏本（《鳴沙石室佚書》第二冊載）作於一九一三年。羅氏校跋卷子正面的《春秋後語》殘本，王氏跋卷背的《菩薩蠻》等三首唐詞，大概是事先作了分工。王氏據背記中有咸通時判官王文觸語，確定寫本年代。對於兩首失調名的作品，則據其句法斷為《望江南》（第二年，王氏在寫《敦煌發見唐朝之通俗詩及通俗小說》時糾正為《西江月》）。詞濫觴於盛唐，到宋代才蔚為大觀，因此晚唐詞作在研究詞的變化發展上有重要意義。王氏引述《樂府雜錄》、《教坊記》、《杜陽雜編》、《煬帝海山記》及李白、白居易、劉禹錫、溫庭筠等人作品，不僅考證了《菩薩蠻》、《望江南》二調的源流，而且得出了「可見沙州一隅，自大中內屬後，又頗接中原最新之文化也」的精

闕結論。

第二篇：唐寫本韋莊《秦婦吟》殘卷跋

此跋原據狩野所抄英藏 S.5476、S.5477 號殘卷錄文而作，二卷均前後殘闕，無篇題及撰人姓名，而王氏據《北夢瑣言》記載的韋莊《秦婦吟》兩句詩，斷定正是韋莊久佚之長詩，可謂慧眼識寶。王氏在文末提及：「伯希和教授巴黎國民圖書館《敦煌書目》亦有《秦婦吟》，下署右補闕韋莊。彼本有前提，殆較此為完善歟？」當時王氏尚未看到法藏本，所以此跋寫得較簡略。同年十月六日，王氏即寫信給伯希和，希望獲得法藏《秦婦吟》及《切韻》寫卷照片[1]。但伯氏久未回應，一直到一九二四年的二、三月間，王國維才接到伯氏手抄的兩個《秦婦吟》「足本」，一是法藏 P.3381 號天復五年張龜寫本，一是英藏 S.0692 號貞明五年安友盛寫本。

王氏為此又寫一大段跋文，對韋莊創作此詩的生平背景作了考釋；同時，又據法、英所藏四個寫本略作校勘，將全詩正式發表於北大《國學季刊》一卷四號。《秦婦吟》為唐代詩壇的重要佚作，其因敦煌藏經洞文獻的發現而重新面世，是中國文學史研究的一件大事，王氏對此是十分重視的。一方面，他反應迅捷、判斷准確；另一方面，又相當慎重，注意在求得資料比較「完善」的基礎上作校勘整理和進一步研究。我感到奇怪的是為什麼伯希和過了整整四年之後才向王氏提供材料，而且還只是他自己的錄本，並不是王氏要求的原卷照片。如果伯氏能及時提供，恐怕王氏一九二〇年發表的《敦煌發見唐朝之通俗詩及通俗小說》會更加豐富與精彩。最近，隨著俄藏敦煌文獻的陸續刊布，又有新的《秦婦吟》寫本殘卷發現（如 Дx.6176 號天福十一

1　見王於 1919 年 10 月 6 日致羅振玉信，載《王國維全集‧書信》，中華書局 1984 年版，第 297 頁。

年寫本），我們在高興之餘，也感嘆藏經洞發現已過了一百餘年，仍然還有寫卷未能刊布！

第三篇：唐寫本《雲謠集雜曲子》跋

王氏作此跋時，已經知道敦煌遺書中的《雲謠集雜曲子》共三十首，有若干曲調，但他當時只見到「狩野博士錄出者，《鳳歸雲》二首、《天仙子》一首而已」。因此，他在將這三首曲詞與其他唐人之作進行比較分析後，從兩首《鳳歸雲》詞的「句法與用韻，各自不同」，得出「可見唐人詞律之寬」的結論；從《天仙子》詞的「特深峭隱秀」，驚嘆「堪與飛卿、端己抗行」。同時也發出感慨：「惜其餘二十餘篇不可見也！」大約在一九二四年一月間，王氏接到羅振玉寄來的法藏本（P.2838）《云謠集》十八首，又補寫跋語：「癸亥冬，羅叔言先生寄巴黎寫本至，存十八首，惟《傾杯樂》有目而佚其詞，三十首中但佚十二首耳。」故《觀堂集林》卷二十一以雙行小字綴於跋尾。

第四篇：唐寫本殘小説跋

此跋據狩野所錄 S.2630 卷殘文作，原卷闕題，王氏斷為記述唐太宗入冥故事的「小説」，並首先説明狩野博士已有考證文字發表於《藝文》雜誌。特別值得注意的是，王氏除引述《朝野僉載》、《梁溪漫志》的記載外，還引徵了《崔府君祠錄》、《顯應觀碑記》的材料，考訂了唐太宗和崔子玉故事的源流。此類入冥故事在敦煌寫本中還有不少，可惜當時王國維未能看到。崔府君的故事在蒲州一帶流傳甚廣，山西省現存的碑刻中也保存了他的傳説。還應該指出，王氏將此殘文定名為小説是比較準確的，後來王重民先生將此類故事編入《敦煌變文集》，反倒不科學了。

第五篇：唐寫本《季布歌》《孝子董永傳》殘卷跋

此跋的《季布歌》應據狩野所錄 S.5440 殘卷而作，《孝子董永傳》

則據 S.2204 卷錄文作。前卷殘文，羅振玉編入《敦煌零拾》印行；後卷，編入《佛曲三種》。王氏此跋甚短，最早編入《觀堂集林》別集，一九五九年中華書局重印《觀堂集林》，刪去一些文章，此跋亦被刪卻，故少為人知。跋全文如下：「二殘卷皆用七言敘故事。《季布歌》與《史》、《漢》本傳合，《巴黎書目》亦有之。《董永傳》與《御覽》四百十一所引劉向《孝子傳》合。」寥寥四十餘字，包含了豐富的信息。十分遺憾的是，當時王氏雖提及巴黎也有《季布歌》藏本，卻不知道英國所藏 S.5439 與 S.5441 兩卷亦是同一作品，而且後者首尾完整，還有「太平興國三年戊寅歲四月十日記孔目學仕郎陰奴兒自手寫季布一卷」的尾題。三卷編號相連，卻未能抄錄較為完整的兩卷，這當然是狩野君的遺憾，也是王國維的遺憾，否則，當時對這一作品的整理與研究將會深入得多。

第六篇：唐寫本迴文詩跋

此跋更短，只有十七字，故《王國維遺書》亦失收，《王國維文集》編入第一卷「文學散論」中，可惜未說明來源[2]。跋云：「右回文詩，由中心至邊旁讀之，得五言八句。」王氏所見，不知是否亦狩野錄文。王氏所云「迴文詩」，其實是英藏 S.5644 卷由中心向外順時針方向讀的一首五言詩，繪成方型詩圖，右上方原題為「方角書一首」，左下角有「懷慶書」三字。對該寫本年代，中日學者尚有不同意見[3]。敦煌寫卷中這類用特殊形式抄寫的詩歌還有若干，如系統整理研究其類型，對唐詩的傳播研究肯定會大有補益。

一九二〇年，在上述跋文的基礎上，王國維在《東方雜誌》第 17

2　見姚淦銘、王燕所編該文集第一卷，中國文史出版社 1997 年版，第 45 頁。

3　請參見徐俊：《敦煌詩集殘卷輯考》，中華書局 2000 年版，第 895 頁。

卷第 8 號上發表《敦煌發見唐朝之通俗詩及通俗小說》一文，除依次介紹《秦婦吟》、《季布歌》、《董永傳》、《唐太宗入冥記》、《春秋後語》卷背唐人詞及《雲謠集雜曲子》外，還以較多文字述及敦煌本《太公家教》，以說明「唐代不獨有俗體詩文，即所著書籍，亦有平淺易解者」。將著名的文人之作《秦婦吟》歸入「通俗詩」，又認為《太公家教》乃「唐時鄉學究之所作」，這都是從流傳的範圍、啟蒙教育的角度著眼來分析作品，確已脫離了「舊學」的窠臼。

一九二五年暑期，王國維應清華學生會之邀作公開演講，題目為《最近二三十年中國新發見之學問》，在第三部分「敦煌千佛洞之六朝唐人所書捲軸」的末尾，列舉從「己酉冬日」（1909）到「戊午」（1918）羅振玉相繼刊行《敦煌石室遺書》、《石室秘寶》、《鳴沙石室逸書》、《鳴沙石室古籍叢殘》，特別說明「皆巴黎國民圖書館之物，而英倫所藏，則武進董授經（康）、日本狩野博士（直喜）、羽田博士（亨）、內藤博士（虎次郎），雖各抄錄景照若干種，然未有出版之日也」。可見當時包括狩野所錄的英藏敦煌寫本仍未集中整理刊布，故王氏所作跋文等確具有「先行」的意義。尤其是王氏對敦煌寫本中一些重要文學作品的早期整理、介紹、研究，不僅促進了相關資料的陸續刊布，也在一定程度上奠定了「敦煌學」研究的基礎。

三

王國維對敦煌寫本的早期研究，在敦煌學的初創時期具有多方面的典型意義。其在治學方法上的啟示，張弓先生曾在《王國維與敦煌典籍研究》一文中作了以下四點很精要的概括：（1）堅持篤實的學風、實證的方法；（2）傳統考據方法與近代邏輯方法相結合；（3）微觀的考據與揭示歷史的宏觀事實相結合；（4）創始近代文史學的規範。[4]我

4　見《敦煌文獻論集》，遼寧人民出版社 2001 年版，第 375-376 頁。

還想在此再提出一些不成熟的看法，以求教於中外學界同仁。

首先，我認為王氏對敦煌寫本的早期研究，樹立了正確處理新材料、新方法、新問題三者關係及中、西學關係的楷模。王氏強調：「古來新學問起，大都由於新發見。」[5]十九世紀末、二十世紀初，由於殷墟甲骨文、西域簡牘、敦煌石室遺書、內閣大庫檔案的發現，造成了「新學問」的興起，尤其是敦煌藏經洞文獻的發現與流散，向世人展示了大量珍貴的新材料，提出了許多新課題，中外學者咸與研究，形成「世界學術之新潮流」。由於西方學者對近代考古學、文書學及文化探源和比較文化方法的運用，即便是早期的敦煌學，對於中國學者來講，已含有不少「西學東漸」的因素；又鑒於藏經洞文獻多數雖然還是以漢文化為主體的（包括漢化佛典）中古寫卷，但畢竟有許多西域「異民族」的文字與材料，有許多文化交融的資料與信息，既不能以純粹的「國學」對待之，又要求有深厚的「舊學」功底。因此，正確吸收新方法，運用新材料，以研求新問題，就成為敦煌學發展的關鍵所在。王氏對敦煌卷子中的文學寫本，最為關注的就是那些在中國文學史研究中能提出新問題、新線索，得出創新性結論的內容，如《秦婦吟》、曲子詞、説唱類作品等。王氏特別著力於敦煌新材料與原有傳世典籍之間的關係（異同、互補、源流），從「微觀」入手而著眼於「宏觀」，在某種程度上開始構建中國文學史研究的全新視角、理論與框架。可以説，後來劉復、胡適、鄭振鐸、王重民等都特別致力於敦煌俗文學作品的整理與研究（如變文、講經文、歌謠、王梵志詩等），重視中國「俗文學史」的研究，都得益於王氏的開拓之功。

5　《最近二三十年中中國新發見之學問》，《王國維文集》第四卷，中國文史出版社 1997 年版，第 33 頁。

　　王國維對中、西學關係的認識，更體現了他在學術觀點上的開放性、兼容性與辯證性。一九一一年，他在《國學叢刊‧序》的一開頭就宣稱「學無中西」，猛地一讀讓人不好接受。其實，他是為了強調：「世界學問，不出科學、史學、文學。」這是根本上的一致，也是交流與融合的基礎，不能截然對立。所以，他在這篇序中斷言：「余謂中西二學，盛則俱盛，衰則俱衰，風氣既開，互相推動。且居今日之世，講今日之學，未有西學不興，而中學能興者；亦未有中學不興，而西學能興者。」王氏對敦煌寫本的早期研究，即已跳出了中、西學的固有框框。正因如此，他為敦煌寫本所作的跋，無論從材料、方法、觀念上看，都已經不是傳統「國學」意義上的跋了。了解這一點，對我們進一步明確敦煌學的性質與發展方向都至關重要。二十一世紀是世界各種文化在保留各自特色與加強對話的基礎上大交流、大融匯的時代，那種此消彼長、我強你弱的觀點及企圖一以統之的做法肯定是不正確的。王國維在中西學關係上的睿智卓識也給我們留下了寶貴的思想財富。

　　其次，關於運用「二重證據法」，許多研究者都認為是王國維的創舉，這其實是不準確的。此誤會恐怕源自王氏在《古史新證》第一章「總論」中的幾句話。他說：

　　吾輩生於今日，幸於紙上之材料外，更得地下之新材料。由此種材料，我輩固得據以補正紙上之材料，亦得證明古書之某部分全為實錄，即百家不雅馴之言亦不無表示一面之事實。此二重證據法，惟在今日始得為之。（《國學月報》第二卷，1926 年）

　　王氏在這些話的前面，還舉若干例子講了以「地下材料」補正「紙

上材料」，是中國古代學者研究古史的方法之一。乾嘉時期，考據之學盛行，主要是在經學，「地下材料」稀少也不被重視，所以陳寅恪先生感嘆「有清一代經學號稱極盛，而史學則遠不逮宋人」[6]。十九世紀末到二十世紀初，有大量的「地下」文物被發現，尤其是莫高窟藏經洞寫卷的面世，促使研究者用新資料去考訂補正「舊籍」。所以王氏強調的是「二重證據法」「惟在今日始得為之」，而非「始得有之」。對此，他在《最近二三十年中中國新發現之學問》中表述得更明確：「然則中國之紙上之學問賴於地下之學問者，固不自今日始矣。」在宋人的考據著作中，確已有許多運用「二重證據法」的實例。

另外，所謂「二重」，也只是概而言之（亦有三重、四重），因為並不是只有用「地下」去證「紙上」之一法（嚴格地講，敦煌寫卷當然也是「紙上」）。學界推崇的應是多重證據法。事實上，王國維的早期敦煌學研究，根據材料的多寡與對象的不同，或考釋史實，或追溯源流，或發抉疑問，或創製新說，運用的方法是多種多樣的。如對文學作品，除考訂作者和創作背景外，他還十分重視「心證」（即情感的感受），他有一首詠韋莊《秦婦吟》的七絕云：「劫後衣冠感慨深，新詞字字動人心。貴家障子僧家壁，寫遍韋莊秦婦吟。」[7]可以看作是對有關跋文的補充。又如他研究兩幅敦煌佛畫，不僅用同為敦煌所出的《沙州文錄》中的《曹夫人贊》來考訂史實，而且與高昌壁畫作藝術風格上的比較[8]。在連繫敦煌寫本來研究壁畫上，王氏亦是一位先行者。

6　見《陳垣元西域人華化考・序》，《金明館叢稿二編》，上海古籍出版社 1980 年版，第 238 頁。

7　見《題敦煌所出唐人雜書六絕句》，載《王國維文集》第一卷，中國文史出版社 1997 年版，第 283 頁。

8　參見兩篇跋文及 1919 年 9 月 10 日王氏致羅振玉信，信載《王國維全集・書信》，中華書局 1984 年版。

還有，如前引張弓論文所言，王氏「考釋敦煌典籍，在傳統實證中融入了近代邏輯，使論證與推理更嚴密，更具説服力」，這也是新的因素。今天是否可以這樣説，王國維的敦煌研究繼承和發展了「二重證據法」。

再次，王國維在獲取、整理敦煌學研究的早期資料上，也有值得我們今天深思的地方。如前所述，王氏從事敦煌研究早期資料的來源，主要是狩野所抄、伯希和寄來與國內私家散藏。當時中國學者獲取敦煌資料都很不及時，王氏寫信要法藏《秦婦吟》寫本照片，伯希和過了四年才寄出抄本；日本大谷探險隊所獲敦煌寫卷，羅振玉只抄得橘瑞超所編《敦煌將來藏經目錄》發表於《國學叢刊》，日本學者赴歐洲得到的敦煌材料，似也遲遲未見刊布；運到北京京師圖書館的「劫餘」，則在編目前好像並沒有對羅、王等學者開放。相比起來，倒是中國學者印行刊布敦煌資料最及時，如羅振玉從一九〇九年末起，克服種種困難，陸續刊印了《石室秘寶》、《佚集叢殘初編》、《鳴沙石室佚書》、《鳴沙石室佚書續編》、《鳴沙石室古籍叢殘》、《敦煌零拾》、《敦煌石室遺書三種》、《敦煌石室碎金》等，對敦煌學的興起貢獻至巨，其中也包含著王國維的辛勞。可以説，在敦煌寫本的整理與刊布上，羅、王等中國學者的態度是最積極、最無私的，真正體現了「學術乃天下之公器」的原則，也反映了他們紮實的學術功底和大家風範。我們也應該看到，在敦煌學的發軔期，由於羅、王二位東渡寓居日本，與內藤、狩野等學者交往密切，在敦煌資料的獲取與交流上也得到了日本同仁的協助與支持。這對日本的敦煌學研究也是一種促進。相比起來，倒是歐洲學者比較保守。我曾對伯希和一九〇九年在北京展示部分敦煌寫本和第二年應羅振玉之請寄送照片之事予以讚揚，很可惜伯氏後來的態度不夠積極。至於斯坦因，大概是由於明顯的「偷寶者」

的心理作用，他始終沒有在與中國學者的資料交流上邁開步子，嚴格地說，他並不是一名敦煌學研究專家。英國的敦煌學研究在相當長一段時間內，落後於日、法等國，與此不無關系。近二十年來，隨著中外交流突飛猛進的發展，各國所藏敦煌文獻的編目刊布工作舉世矚目，尤其是對英、法、俄藏品的研究成果顯著。遺憾的是日本所藏部分敦煌寫本的刊布工作還進展遲緩。今天在中國，文物的收藏保管部門和研究者的矛盾，也並沒有很好解決，材料刊布相對滯後的問題還十分突出，少數研究者壟斷、獨占資料的行為仍妨礙著學術的進步。我想，在新世紀，我們實在應該不斷溫習王國維先生所講「盛則俱盛，衰則俱衰，風氣既開，互相推助」的道理，努力推進學術、文化的大交融。

（2001 年 9 月）

（本文是 2001 年京都「草創期的敦煌學」日中學術研討會上提交的論文）

「敦煌守護神」的回答

　　常書鴻，一九〇四年四月生於杭州，滿族，姓伊爾根覺羅。一九二三年畢業於浙江省立甲種工業專科學校（浙江大學前身）。一九二七年赴法國學習油畫，先後在里昂美術專科學校、巴黎高等美術學院畢業。獲法國美術沙龍金獎三枚、銀獎兩枚，當選為巴黎美術家協會超選會員、肖像畫協會會員。一九三六年回國後被聘為教授，任國立北平藝專造型藝術部主任、校務委員及教育部美術教育委員會委員。一九四二年籌建敦煌藝術研究所並出任所長，從事敦煌藝術的保護與研究工作。新中國成立後，任敦煌文物研究所所長、蘭州藝術學院院長、中國美術家協會常務理事、中國文聯委員、甘肅省文聯主席、甘肅省美協主席、國家文物局顧問等職。現為敦煌研究院名譽院長、國家文物委員會委員。第三、五屆全國人大代表，第六、七屆全國政協委員。

　　一九九四年四月，被世人譽為「敦煌藝術守護神」的常書鴻先生

將在北京寓所度過他的九十華誕。作為《文史知識》雜誌的編委，在農曆癸酉、甲戌年交替之際，我拜望了常老和他的夫人李承仙女士、兒子常嘉煌先生，希望他們能為本刊寫篇介紹常老治學的文章。鑒於健康及時間緊迫等原因，他們已來不及援筆成文了，但仍熱情地提供素材，懇切地委託筆者將常老的心聲傳達給廣大的讀者。

作為一位在全世界享有盛譽的敦煌學專家，常書鴻先生除了創作極豐富的繪畫作品外，從四〇年代開始，就撰文介紹與研究敦煌，發表過數十篇論文，編輯了一系列介紹與研究煌藝術的著作、畫冊，多次在全國各地並赴日本、德國、印度、緬甸等國講學，著有《我與敦煌》、《敦煌藝術》、《敦煌的風鐸》、《敦煌的光彩》（與池田大作的對談書信錄）等書。他的自傳體新作《九十春秋──敦煌五十年》也即將由浙江大學出版社出版。在這些著述中，有常老對自己生平經歷與治學生涯詳盡、精彩、生動感人的敘述。因此，本文只想將常老在漫長的歲月中時時思索的幾個問題及體會簡略地告訴讀者，這也正是常老本人及他的親友們所期望的。

第一個問題：什麼是藝術家、學者的追求？

一九二七年，常書鴻先生到了法國，孜孜不倦地學習西洋繪畫藝術。一九二九年，獲里昂國立美術專科學校舉辦的康德鉛筆公司素描競賽一等獎；一九三二年以油畫《G夫人像》獲第一名畢業，又以油畫《浴女》考得第一名保送巴黎高等美術學院深造，師從法蘭西藝術學院院士、當代著名新現實主義大師勞朗斯（Paul AefertLaureuse），畫藝突飛猛進，為著名的蒙巴納斯藝苑推重；其畫作獲三次金獎、兩次銀獎、一次榮譽獎。他曾坦誠地講：「當時，我有過『為藝術而藝術』的想法」，「自己覺得已經是蒙巴納斯（巴黎藝術活動中心）的畫家了」。可是，一九三五年秋天，當他在塞納河畔的舊書攤上偶然發現了伯希

和的《敦煌千佛洞》一書，看到了祖國敦煌燦爛輝煌、博大精深的藝術寶藏時，受到了巨大的震撼，下決心拋棄在巴黎優越的生活和工作環境回到祖國，到風沙戈壁中的敦煌莫高窟去。他當時的想法是：作為一個中國藝術家，完全有責任去保護、介紹這些文物，使它們重放異彩。當他歷經艱難到了敦煌之後，面對著上千尊彩塑、數萬平方米的壁畫，他的思想又得到了進一步的昇華。用常老自己的話說，就是：「我想到，藝術應該為大眾服務。因為敦煌藝術是平民創作的為平民的藝術。我感到藝術創造必須為民眾服務。因此，在作品中表現自己的思想和理想，奉獻給民眾，為民眾作出自己的貢獻，是一件非常重要的事情。」這就是一位熱愛祖國和人民的藝術家的追求。

人們常常這樣說：藝術講求真、善、美，藝術家要有良心。常書鴻先生用自己的藝術實踐與學術生涯告訴我們：對祖國和人民的熱愛，對祖國文化的熱愛，與對藝術至善至美的追求是密不可分的，是高度統一的。舉凡古今中外有成就、受尊崇的大藝術家，首先是愛國者。常老在和日本創價學會名譽會長池田大作先生的對話中有這樣三段話：

我熱愛民眾。民眾擁有創造力和克服重重困難的力量。對我來說，這個中心點就是通過藝術來表現對民眾和藝術的發自內心的熾熱感情。

現在，大多數人在看畫時首先看是「誰」畫的，而作品「給人的感動、給人的作用」卻是很少有人問津。明白作者是「誰」之後，接下來看那人是不是名人。也就是說，把畫當成了商品。但是古代的藝術卻不是商品的藝術。古代的作品是為了給人以感動才創作的。

　　我認為判斷一件作品的關鍵在於它給人的感動是強還是弱，不能首先判斷是「誰」以及那個畫家的名氣。當然，這裡面有自己喜歡的畫家，也有自己不喜歡的。但我想決不能以個人好惡為判斷基礎，而是需要一種帶普遍性的價值觀。

　　對此，池田大作先生的感慨是：「最重要的是，在我們的時代，如果沒有宏大的精神，要想創造偉大的藝術，想創造養育藝術的豐饒土壤也是不可能的。」（以上均引自《敦煌的光彩》一書）敦煌藝術作品保存至今仍能給人以強烈的感染力，是因為畫家們是用心、用靈魂來創造的。從心靈深處產生出來的創造力，是真實的，有生命力的。敦煌莫高窟之所以為世界各國的藝術家所矚目，被聯合國列為世界性的文化遺產，敦煌學也成為一門世界性的學問，其最重要的原因就在於敦煌藝術既是民眾信仰與藝術家憧憬的結晶，也是各民族優秀文藝交流融合的成果，經得起時間的考驗。一九五一年四月七日，周恩來總理在常書鴻先生陪同下參觀「敦煌文物展覽會」時，曾對敦煌藝術有過精闢的評論，如對北魏時期壁畫的評價：「我看這和雲岡、龍門石窟雕刻一樣，其氣勢之雄偉，造型之生動，使我們體味到中國藝術的『氣韻生動'四個字。從敦煌壁畫摹本看來，表現得更加突出！當然，雕刻在石頭上的表現的是刀斧之功，這裡在壁畫上卻是筆墨之力，南齊謝赫『畫有六法』是當時評價中國畫創作的標準。想不到在敦煌壁畫中得到了印證！」「這些筆觸，頗有龍門十二品、魏碑上龍飛鳳舞的氣魄。有些神鬼的造型，使我想到巴黎聖母院屋簷上裝飾著怪獸的造型。」（見常書鴻《我與敦煌》）一語道破了敦煌北魏藝術頗有羅馬哥特式藝術的意趣，以及與十五世紀歐洲文藝復興時期藝術交相輝映的關係。所以，對常書鴻先生來說，將既吸引了域外因素又發揮了民族

傳統的敦煌藝術作為自己終生保護、研究的對象，也就是十分自然的了。這也就是常先生所說的：我產生了一種使命感：敦煌藝術是中國的傳統文化，捨命也得保護它。不管有多少困難都必須克服。這種使命感使我度過了所有的艱難困苦。

　　一個藝術家，一個學者，都應自覺摒棄輕視民眾的個人功利主義，與民族虛無主義及狹隘的民族主義都劃清界限，這就是常書鴻先生對第一個問題的回答。

　　第二個問題：如何把握人生的機遇？

　　「機遇」並非新名詞。中國歷來有「機緣」一說，卻是從佛教教義而來，並且其內涵似乎比「機遇」要更豐富、準確。佛教將事物生起或壞滅的主要條件叫作「因」，其輔助條件則稱「緣」，合稱「因緣」；一切事物必須具備種種因緣而後生起，叫作「緣起」。因此，機緣應是偶然性與必然性的統一；對「機遇」亦應作如是觀。

　　常書鴻先生遠涉重洋，步入西洋畫藝術的殿堂，在異國獲得殊榮，這未嘗不是一種機遇；而一個偶然的機會，使他萌發了回祖國赴敦煌的強烈願望，這又是一種機遇。前一種機遇可以使他在高貴的藝術沙龍中占有一席地位，過終生雍容優裕的生活，可是他輕易地放棄了；後一種機遇使他妻離子散、顛沛貧困，歷經磨難、備嘗艱辛，而他卻堅持不放，從不動搖。常書鴻去敦煌時，有三位名人送了他三句名言。梁思成說：「你一定不要錯過這次難得的機會。要『破釜沉舟』！」徐悲鴻說：「要學習玄奘苦行的精神，要抱『不入虎穴，焉得虎子』的決心，把敦煌民族藝術寶庫的保護、整理、研究工做作到底！」張大千說：「這是一個長期的──『無期徒刑』呀！」正是這些聽似不祥的預言式的贈語，更堅定了常書鴻先生的信念。他說：

　　想起這些話的同時，我心中便升起這麼一個念頭：「人生是戰鬥的連接。每當一個困難被克服，另一個困難便會出現。人生也是困難的反覆，但我決不後退。我的青春不會再來，不論有多大的困難，我一定要戰鬥到最後。」……從現在看，我的這個選擇是正確的。我一點兒都不後悔。

　　在人生的機遇面前，容不得一絲猶豫與動搖。無悔的人生才是勝利的人生。一九四二年冬天，當常書鴻先生離開富饒美麗的四川盆地奔赴黃沙茫茫的西北高原時，他也有過激烈的思想鬥爭：

　　「難道我的一生就要這樣陪伴著黃沙結束嗎？」然而，鬥爭的結果是信念的勝利：「從此以後，我將不再是巴黎蒙巴納斯的畫家，我已脫胎換骨，成了研究、保護敦煌藝術的苦行僧。」這裡，用得著詩人屈原的一句詩：「固余心之所善兮，雖九死其猶未悔。」

　　在把握與實現人生的機遇上，屈原的另一句詩同樣重要：「路漫漫其修遠兮，吾將上下而求索。」對於常書鴻來講，在近半個世紀的敦煌生涯中，無論是清除流沙、踏查窟群、修復洞窟、綠化環境，還是臨摹壁畫、開展學術研究，他都是身先士卒，一步一個腳印地走過來的。常老回憶起解放前初到莫高窟最高層第 196 窟時，因沒有通道可上，只好從山頂懸繩捆住腳，將人吊在距地面三十多米高的空中，雙腳懸空往下溜。當時沒有人力，缺乏經費，自己挑沙土，打土坯，搭腳手架，修簡易棧道。進洞子要連爬帶跳，從危欄斷橋上匍匐前進。在洞窟內臨摹壁畫，也時時受著黑暗和寒冷或炎熱的煎熬。一九四三年至一九四四年調查莫高窟時，常先生做了數千張卡片。為了搞清經變畫的內容，他強迫自己念經文，然後在洞窟中面壁琢磨，一一對照。一九五三年調查新疆克孜爾石窟壁畫中的佛本生故事，也是先了

解英國人福斯保爾的研究成果，然後再逐幅落實它們的內容。在這裡，容不得半點的僥倖與鬆勁。請聽聽常老自己說的一段充滿真情的話：

說起來容易，做起來卻難上難，它肯定不是《天方夜譚》中一個充滿浪漫色彩的故事。在中國悠久的歷史上有過不少出使西域的人物，漢代的張騫和唐代的玄奘便是著名的兩個。他們一步一個腳印，長途跋涉在荒無人煙的戈壁沙海中，經受了各種難以名狀的人間和自然界的折磨和考驗，以自己的忠貞和毅力，創建了千古傳頌的業績。我當然是不能和他們相比的。我只有一個小小的心願，就是為保護和研究舉世罕見的敦煌石窟這個民族藝術寶庫，一輩子在那裡幹下去。（《我與敦煌》）

有些人把「機遇」看成是「天上掉餡餅」式的「運氣」，不費吹灰之力便可獲得輝煌的成功，這完全是一種誤解。把握機遇，客觀條件當然重要，但更重要的是主觀的努力，需要智慧，需要勇氣與決心，更需踏踏實實、百折不回的奮鬥。這也可稱之為生活與治學的「因緣」。這是常書鴻先生對第二個問題的回答。

第三個問題：怎樣推進敦煌藝術的研究事業？

一九五一年，周恩來總理對常書鴻說：「工作是一步一步來的，你們七八年在沙漠中艱苦的工作和生活，主要的任務就是保護敦煌文物，介紹宣揚敦煌文物……從今天我看到的幾百幅壁畫摹本，已可看出，你們做了非常寶貴的貢獻！古為今用、推陳出新的工作是需要我們大家來做的。」「你們應該當仁不讓地振臂一呼，使敦煌石窟藝術寶藏在我們這一代獲得新生。」四十多年過去了，敦煌藝術研究事業有了

長足的進展，常書鴻仍時時記起周總理的這些話，因為它們對推進敦煌研究依然有著巨大的現實意義。

首先是要繼續加強石窟（包括環境）保護與壁畫臨摹。常老認為現在的保護手段比過去好多了，但隨著莫高窟的開放參觀，旅遊業的日益發展，也帶來了許多新的問題，如果不引起重視並加以解決，後果不堪設想。要把保護提高到關係研究工作成敗的高度來認識。臨摹工作，則既是保護文物的一項手段，也是分析研究古代藝術發展演變的重要實踐，是深入研究的基礎。多年來，敦煌研究院在進行臨摹的同時開展了研究工作，即通過臨摹不但要研究壁畫的藝術技法，如人物、建築、山水、花鳥、圖案的描繪，著色、勾勒、烘染、佈局等，而且要熟悉摹本的主題內容，一切有關美術史、佛教史、佛經經義、圖像學、哲學、民俗學等等都應成為學習的內容。通過臨摹，取得既保護了文物又培養了研究隊伍的良好效果。現在，隨著攝影、印刷技術的提高，雖然出版了有關敦煌藝術的許多精美的圖錄、畫冊，但是從學習與研究繪畫的角度講，仍然無法替代臨摹，而從保護文物的角度講，過多的燈光攝影更是有害的。

其次要進一步注意普及與借鑑敦煌藝術。敦煌莫高窟作為世界性的文化遺產，已越來越為世人矚目。但是，對敦煌藝術有關知識的普及工作，卻做得還遠遠不夠。最近幾十年，我們在國外舉行過幾次敦煌藝術的展覽，也在港、臺地區舉辦過這種展覽，而在國內其他省、市卻極少去展覽與介紹。對國內的廣大群眾來說，要親身去敦煌參觀、考察、旅遊還是很不容易的。有關敦煌文化藝術的影視、出版物還很有限，大中小學教材中有關敦煌的內容更少得可憐。因此，雖然敦煌在國際上的知名度很高，在國內仍是陌生和神祕的地方；雖然這些年來國內從事敦煌學研究的隊伍擴大了許多，而學術界仍然習慣地

稱之為「冷門」。這說明普及敦煌藝術的任務還很重，而普及是提高的基礎，是為了更好地借鑑與發展祖國的文化遺產。常書鴻先生曾經這樣向周總理解釋敦煌佛教藝術興盛發展的原因：

因為敦煌藝術，是漢魏以來佛教自印度傳入後，中國民族造型藝術突飛猛進發展的結果。在此以前，中國古代藝術，主要表現為墓葬壁畫、明器俑人以及祭祀時用的器皿等，留下了古代考古文物資料。自漢武帝派張騫出使西域後，隨著佛教的傳入，佛教藝術也相應地由天竺通過絲綢之路傳入中國，使原來為封建統治階級歌功頌德、舉賢戒愚的主題內容，改變為宣傳佛陀一生及佛陀在成佛之前的芸芸眾生。只要善男信女一心唸佛，人人都有進入西方極樂世界的希望！大乘佛教與早期印度教不同之處，在於它不分貧富貴賤，簡單的唸佛修行就可以得到解脫，所以佛教就越來越符合廣大農民群眾的希望和幻想，成為世界宗教之一。宣傳這種來自印度難明難解的異國佛教教義，就需要用藝術的手段來加以烘染，這就是地處絲綢之路要隘的敦煌佛教藝術經過千餘年的不斷產生和發展，才能夠流傳給我們如此豐富而且燦爛的佛教藝術遺產的重要原因。

我們今天普及敦煌藝術，當然不是為了宗教宣傳，但是佛教文化作為人類文明的重要組成部分，卻是應該普及與借鑑的。舉一個例子，周總理在看到第 257 窟鹿王本生故事畫，以及第 428 窟北魏捨身飼虎那一條用「之」字形連環發展的長幅故事畫時，驚異地對常書鴻先生說：「這不是我們古代的連環故事畫嗎？這種用捲軸式橫幅展開的連環畫創作方式，為什麼不為我們今天被稱為『小人書』的兒童讀物所採取呢？為什麼在這方面不『古為今用，推陳出新』呢？」又比如千

佛洞有不少藻井圖案，都是風格各異、富有特色、極為精美的，都值得我們今天的紡織品、工藝美術品借鑑。

　　第三，還應大力增進國際間敦煌學術文化的交流與合作。近些年來，國際間的學術文化交流與合作呈現出強勁的勢頭，敦煌學作為一門世界性的學問自然也不例外，也取得了不少積極的成果。但相比較而言，在敦煌學的交流中，國外藝術家、學者到敦煌來考察的多，我們的洞窟、遺產資料對國外開放的多，而中國學者去考察、獲取、使用國外所藏的有關資料少。筆者告訴常老，在俄國聖彼得堡的艾爾米塔什博物館的中國館，就有不少出自敦煌的藝術品，還有奧登堡考察隊一九一四至一九一五年考察莫高窟的六本工作筆記及當時所攝約三千張洞窟照片，而中國學者至今未能利用過這些珍貴資料。常老對此也十分感慨。此外，國外學者的研究成果也難得在中國翻譯出版，我們的學術信息也十分閉塞，這就為開展雙向的學術交流合作帶來了困難。相反，國外及港臺地區的學者獲取大陸學術信息就比較及時、準確。我們應該積極創造條件改變這種「學術交流逆差」。

　　五十年來，常書鴻先生一直有一個心願：恢復敦煌壁畫原有的絢麗色彩，有人稱之為「一個美麗的夢」。由於千年歲月的流逝，敦煌壁畫自然普遍地變色、褪色了，尤其是北魏時代的壁畫，由於當時採用的顏色中含有較多的鉛，氧化變黑得很厲害，就變成了我們現在所看到的這個樣子（50年代常老臨摹時看到的壁畫色彩，到90年代又變了不少）。當時張大千先生就嘗試過要恢複壁畫原來的顏色，敦煌研究所的同志在臨摹中也做過這方面的努力。但是，由於條件的侷限，把握不大。現在，科學手段發達了，物質條件改善了，常先生的這個夢應該說是實現有望了。常老年屆九十，希望寄予後人。寫到這裡，我又想起了常老對池田大作先生講的幾句話：

池田先生曾問過我：「如果來生再到人世，你將選擇什麼職業呢？」我不是佛教徒，不相信「轉生」。不過，如果真的再一次托生為人，我將還是「常書鴻」。我要去完成那些尚未做完的工作。

這就是「敦煌守護神」的回答，這就是常書鴻做人與治學的品格！

（1994 年 1 月）

魂繫敦煌五十春

——記「敦煌守護神」常書鴻先生

　　我第一次有機會與常書鴻先生交談是在火車上。那是一九八三年八月二十二日，在蘭州參加全國敦煌學術討論會之後，代表們一道乘車去敦煌參觀。傍晚，列車蜿蜒西行在河西走廊，遠望車窗外在夕陽輝映下連綿群山上隱約可見的白雪，我很自然地想起了徐遲的報告文學作品《祁連山下》。說真的，當時我無論如何也不能將眼前這位年近八旬、滿臉憨厚、說著一口濃重杭州官話的慈祥老人與徐遲筆下那位堅韌不拔的「敦煌守護神」連繫在一起。

　　常書鴻先生聽說我也是杭州人，十分興奮，深情地談起了自己的童年。一九〇四年農曆二月廿一日，他出生在杭州旗下浣紗西二弄二號一個駐防旗人的家庭裡，姓伊爾根覺羅，這在滿語中是「平民之姓」的意思，其漢姓「常」大概正是從「平常」之意而來。他曾先後在梅青書院、時敏小學、蕙蘭高小讀書，一九一八年考入浙江省立甲種工業學校（浙江大學前身）預科，學習染織專業，一九二三年畢業留校任美術教員，一九二七年赴法國學習西洋畫。常先生說：「我是喝西湖

水長大的，浣紗河畔、柳浪聞鶯一帶留下了我童年嬉鬧、垂釣的足跡。我從七歲開始就用筆蘸著湖水幫助三叔在畫稿上填色。可以說，西子的湖光山色陶冶了我的性情，給了我靈秀之氣；法國十載，則奠定了我的藝術修養基礎。但是真正確立人生目標與藝術追求，使我懂得生活真諦的，還是在敦煌這塊戈壁綠洲中風風雨雨的幾十年。這一點，你只要到莫高窟去體驗一番，就會有感受的。」

常老的話千真萬確。從那時至今，我又多次到敦煌參觀考察，對常老的事業逐漸有了了解，也越來越清晰地看到了這位享譽世界的藝術家的人生軌跡。

從一九二七年到一九三六年，常書鴻先生在法國里昂、巴黎學畫近十年。他的勤奮與天賦在異國藝苑結出了豐碩的成果，從一名預科學生成長為享有殊榮的畫家：一九二九年，以彩色素描《木工》獲康德鉛筆公司速寫一等獎；一九三二年，以油畫《G夫人像》獲里昂美術專科學校畢業生作品第一名，又以《浴女》考得第一名，被保送巴黎高等美術學院，進入新古典主義大師勞朗斯院士畫室學習。一九三三年，以《湖畔》獲里昂春季沙龍銀質獎；一九三四年，以《病婦》獲里昂春季沙龍金質獎，《畫家家庭》獲巴黎春季沙龍銀質獎；一九三五年，以靜物寫生《紫葡萄》獲勞朗斯畫室第一名，《裸婦》獲里昂春季沙龍金質獎，並當選為巴黎美術家協會超選會員，加入巴黎肖像畫協會；一九三六年，《姐妹倆》獲巴黎春季沙龍金質獎，被選送參加國際博覽會並獲榮譽獎。巴黎號稱「世界藝術之都」，是藝術家的天堂，可是一個外國人要真正步入它的藝術殿堂並占據一席之地談何容易；而要毅然捨棄已經獲得的榮譽地位，到工作與生活條件有天壤之別的戈壁灘上去當一名苦行僧就更不容易了！

一九四三年初春，帶著獻身藝術的滿腔熱忱，常書鴻先生到了莫

高窟，開始了長達半個世紀的敦煌文物的保護與研究工作。歷經千年風霜、再遭劫難的千佛洞，當時已破敗不堪、行將頹毀；而處於抗戰時期，千里沙磧中的敦煌的生活與工作條件之艱苦也非常人所能忍受。常老有一段為人熟知的話道出了當時的心境：

說起來容易，做起來卻難上難，它肯定不是《天方夜譚》中一個充滿浪漫色彩的故事。在中國悠久的歷史上有過不少出使西域的人物，漢代的張騫和唐代的玄奘便是著名的兩個。他們一步一個腳印，長途跋涉在荒無人煙的戈壁沙海中，經受了各種難以名狀的人間和自然界的折磨和考驗，以自己的忠貞和毅力，創建了千古傳頌的業績。我當然是不能和他們相比的。我只有一個小小的心願，就是為保護和研究舉世罕見的敦煌石窟這個民族藝術寶庫，一輩子在那裡幹下去。（《我與敦煌》）

從一九四四年元旦敦煌藝術研究所正式創建至今，五十年間，常老為敦煌藝術付出了艱巨的代價。無論是風沙、乾旱、洪水、酷暑、嚴寒的肆虐，還是妻離子散、貧病交加的打擊；無論是貌似革命的民族虛無主義思潮干擾，還是「文革」中慘無人道的精神與肉體的折磨，都未能動搖常書鴻的決心，沒有摧垮他獻身敦煌藝術的意志。常老帶領研究所的工作人員在保護石窟、臨摹壁畫、研究敦煌藝術上取得了舉世矚目的成績。四九二個洞窟四萬五千餘平方米的壁畫、二千餘身彩塑得到了認真的考察與保護，數千平方米的壁畫被忠實地臨摹。《敦煌新塑》、《敦煌莫高窟供養人畫像題記》、《敦煌莫高窟石窟總錄》以及《敦煌莫高窟》大型圖錄相繼出版，在國內外舉辦了三十多次敦煌藝術展……這一切，大大提高了敦煌在世界的知名度，增強了中國人

的民族自豪感。如今，敦煌莫高窟已被聯合國教科文組織列入「世界文化遺產名錄」，成為各國藝術家的朝聖地。「敦煌學」成為一門國際性的顯學，常書鴻先生功不可沒！

「十年冰霜花事盡，春風喜度玉門關。」常書鴻先生用這兩句詩表達了他對敦煌藝術獲得新生與發展的喜悅之情。歲月流逝，人生易老，耄耋之年的常老雖已不能再在莫高窟工作，卻仍對自己的事業矢志不渝。從一九八六年到一九八八年四月，他在夫人李承仙的協助下，創作了十六幅《絲綢之路飛天》障壁畫，贈送給日本奈良法隆寺；接著，他又在北京寓所完成了大型彩繪《敦煌舞樂和飛天》四幅聯。圖中的飛天樂伎形象姿態生動、神采飛揚，又使我們看到了常老一顆永遠年輕的心。

常老對自己的故鄉杭州也一往情深。一九八二年四月，他回浙江大學慶賀八十五週年校慶，第二年又專門為母校繪製了大型油畫《攀登珠峰》；一九八七年，他回杭州浣紗西二弄二號故居尋覓兒時蹤跡，又在北京與敦煌兩地協助杭州電視臺拍攝《魂系敦煌》專題片……

家鄉人民也不會忘記常書鴻。一九九四年四月，浙大出版社在常老九十華誕之際出版了他的自傳體著作《九十春秋——敦煌五十年》。六月九日，該書首發式在北京貴賓樓十樓紫金廳舉行。雖然常老此時已經病危，正躺在醫院的病房裡無法出席，但北京、杭州、敦煌及國內外的三百多位知名人士仍滿懷敬仰之心踴躍與會，並紛紛在李承仙女士趕繪的飛天圖上籤名為常老祝福。這使我又想起了常書鴻先生對日本友人池田大作講的一段話：

池田先生曾問過我：「如果來生再到人世，你將選擇什麼職業呢？」我不是佛教徒，不相信「轉生」。不過，如果真的再一次托生為

人，我將還是「常書鴻」。我要去完成那些尚未做完的工作。

　　就在筆者這篇文章初稿剛剛完成的第二天，傳來了常書鴻先生已於六月二十三日下午三時四十分仙逝的消息。常老病危之時，曾給文化部領導寫信表示：「我的生命，只屬於敦煌。我一生別無他求，只希望組織上支持我和我的家人將我未竟的工作繼續下去。我的骨灰，也將與敦煌莫高窟永遠相伴。」

　　魂繫敦煌五十春，生死永作守護神。我們為常老深祈冥福，願他的精神與敦煌永存！

（1994年6月）

今天，我們怎樣守護敦煌？

——紀念敦煌藝術研究所成立六十週年暨常書鴻先生百歲誕辰

十年前，為恭賀常書鴻先生九十華誕，我曾經寫了一篇題為《「敦煌守護神」的回答》的文章，先發表在《文史知識》雜誌上，後收入拙著《敦煌吐魯番學論稿》。當時寫這篇文章的主要目的，是想將常老在漫長的歲月中時時思考的幾個問題及我自己的體會簡略地告訴讀者：1. 什麼是藝術家、學者的追求？2. 如何把握人生的機遇？3. 怎樣推進敦煌藝術的研究事業？常老以他既傳奇又平凡的一生出色地回答了這些問題，留給我們的則是無盡的思念與啟示。今天，作為「守護神」的常老雖已魂歸敦煌，而他所開創的敦煌藝術保護與研究事業正在不斷發揚光大、繼續前進，「怎樣守護敦煌」的問題時時擺在大家面前，要我們作出正確的回答。我想結合學習以常老為代表的「敦煌人」的精神來談談自己的粗淺認識。

一、正確認識敦煌作為人類共同的文化遺產的深刻含義

從一九〇〇年敦煌莫高窟藏經洞的發現，到「敦煌學」作為「世界學術之新潮流」的興起與推進；從千佛洞被遺棄於荒漠戈壁之中、

珍貴文物慘遭劫掠流散，到舉世公認為「世界文化遺產」；從敦煌藝術研究所的成立，到敦煌研究院的發展壯大，歷經百年滄桑，世人對「敦煌文明」的認識也經歷了由表及裡、由淺入深的過程。應該説，常老當時毅然決然離開「世界藝術之都」奔赴敦煌，最初主要是出於對敦煌藝術的強烈感受及由此激發的愛國主義情懷；他到敦煌之後，從「巴黎蒙巴納斯的畫家」變為「研究、保護敦煌藝術的苦行僧」，面對藝術寶庫，遭受艱難困苦，遂又昇華為對「平民藝術」的熱愛與藝術家應為民眾服務的赤誠之情。在經歷了長期的保護、臨摹、研究工作之後，常老逐漸地領會了敦煌藝術的博大精深，認識到敦煌藝術是古代各民族文化交融的結晶，是世界藝術瑰寶，因此守護它具有世界意義，這就在堅決摒棄民族虛無主義的基礎上，進而又旗幟鮮明地與狹隘的民族主義劃清了界線。常老晚年，我有幸與他有過一些直接的接觸，雖然當時腦軟化的疾病已經影響了他的語言與思維，可我還是驚奇地從常老不多的言語中感受到他對敦煌藝術涵義的準確把握。他清晰地記得五〇年代對新疆與甘肅其他石窟的全面調查，指出那是為了更好地理解與研究敦煌藝術的多源性與更廣泛的意義。他行走已十分困難，而腦子裡依然活躍著從希臘到敦煌、從長安到扶桑的藝術傳播與交流的軌跡。他常用濃重的杭州方音説這樣一句話：「莫高窟不是哪一個人的私有財產，它是老百姓的寶貝；敦煌也不單單屬於甘肅，屬於中國，也屬於全人類。」在日常接觸中，我深切地感受到，常老對「吃敦煌」的「理論」與現象十分反感，可謂深惡痛絕：旅遊吃敦煌，出國吃敦煌，連攝影、畫畫、寫文章也吃敦煌──或是捨保護於不顧，唯以獲近利、小利、私利為重；或是獨占資料，「奇貨可居」，視作個人「飯碗」。由此我想到，這些年來圍繞著文物保護、研究、開發、利用產生的大大小小的問題不少，往往是爭論歸爭論，做歸做，

莫衷一是，實難協調。歸根結底是在「利益驅動」之下，對「文化遺產」的含義缺乏正確、統一的認識，使持「享受遺產，吃光用光」態度的人有了「用武之地」。

這些年來，在段文杰、樊錦詩兩任院長的努力下，敦煌石窟保護研究獲得了寶貴的國際支持（不僅僅是資金贊助，還有人員培養、項目合作），推進了事業的發展，這也符合保護人類共同文化遺產的精神。但不可否認，也有少數人鑽了空子，違反規章制度，損公肥私。這是對敦煌文化的褻瀆，是一種「悖義」行為，影響很壞。我聽說常老生前一直囑咐家人，他的畫除少數留給子女作紀念外，其他要全部捐公，決不賣一張畫。尤其是他臨摹的敦煌壁畫與工作筆記、調查資料等，是老一代藝術大師守護敦煌的歷史證物，也已經是寶貴的文物，應予珍惜。在這個意義上，我也想提出一個不成熟的想法與建議：作為「敦煌守護神」的常老，他也應該是代代相傳的「敦煌人」的代表，屬於敦煌，屬於中國，也屬於全世界；為了弘揚敦煌文化與敦煌精神，應該在莫高窟建立反映最全面、資料最完備的「常書鴻紀念館」（已捐在他處的可做複製品陳列）；國內外凡是對敦煌事業作出較大貢獻的人，也都可以在這個紀念館裡得到展示。毋庸諱言，在敦煌研究院六十年的風風雨雨中，也糾結著不少的是非矛盾；常老既非聖人，孰能無過？他者亦非足赤全人，焉得無錯？但是如果將其置於歷史大背景之中，放在守護人類文化遺產功與過的天平之上，捨棄個人得失恩怨，著眼大局，放眼將來，就可以作出正確的判斷與評價。

二、用科學發展觀來推動敦煌事業的不斷前進

守護決非守成護舊，在新的歷史條件下，守護的觀念、方法自然會不斷地得到更新。由於年齡與身體的關係，常書鴻先生在八〇年代退出了第一線，儘管他一如既往關注著敦煌，也不可能再參與一些具

體的保護與研究工作。新的觀念與方法的實施，乃至新材料的發現與利用，都要靠繼任者與年輕人來做。事實上，敦煌研究院這些年來取得的成績，是有目共睹的，可以告慰常老於九泉之下。然而，也應當承認，如何用科學發展觀來指導敦煌事業的問題，常老在位時，不可能提到議事日程，今天也還有待於進一步明確與落實。

科學發展觀的主要內容是均衡、可持續的發展與以人為本、以創新為動力的發展。首先需要說明，均衡發展並不是五個指頭平攤用力，而是指輕重緩急地科學搭配，使之結構合理。對於莫高窟來講，文物的安全存在是發展的基礎，因此保護始終應該放在第一位。過去有人指責常老只知道清沙整洞子，只抓臨摹，不搞研究，耽誤了研究人員的青春前程。這種看法顯然是不正確的。如果不重視保護，洞窟出了問題，藝術瑰寶失去了光彩，才是最可怕的。維護好才能研究好，這是大道理，用而不養、急功近利是一種短視行為。過去關於張大千先生剝離敦煌壁畫的是非之爭，其實道理不辯自明。（順便提及，國家不同意近期發掘秦始皇陵與唐乾陵，原因也在此。）這些年來，國家文物管理部門與地方政府在敦煌莫高窟的保護上花了大氣力，加上國際間合作的加強，科技手段的進步，保護的條件與過去相比不可同日而語，但是新的問題、新的矛盾也十分突出。比如隨著旅遊事業的大發展，每年到敦煌參觀遊覽的人越來越多，帶來的洞窟及周圍環境的惡化便不可小看，直接影響了敦煌各項工作的可持續發展。又如用真文物、真環境拍攝影視作品的問題及用造假文物進行炒作的問題也常令院領導頭疼。敦煌研究院有好多部門，各有分工，各有側重，無論駐守敦煌還是蘭州，都應該圍繞與配合保護這個中心工作。我知道常老生前對千佛洞環境的變化就十分關切，他抓緊組織臨摹壁畫也有保護的目的。樊錦詩院長也為莫高窟能否長期完好無損而憂心忡忡，

所以特別加大了保護的力度。這裡，我還要提出進一步加強敦煌研究院資料庫建設的建議：一是敦煌洞窟資料，應該以採用現代科技手段的數字化圖像資料為主；二是敦煌文獻資料，應該進行科學地圖書、檔案管理；三是相關的中外研究成果資料與參考、輔助的傳統典籍資料。這三方面的資料缺一不可，應該是相輔相成的。莫高窟是敦煌學的發祥地，應該成為全世界最權威、最完備，結構最科學，而且使用最方便的敦煌資料中心。這也是保證敦煌事業能均衡、持續、有效發展的重要條件。

　　開展敦煌研究的「以人為本」，我的體會是一個目的、兩個層面。常老經常強調：「敦煌藝術應該為人民大眾服務。」敦煌文明，是各民族人民共同創造的物質文明與精神文明的結晶，屬於全人類，在新的歷史條件下當然也應該繼續造福於全人類。要達到這一目的，我們從事敦煌文物保護與研究的人，首先要樹立「人文關懷」的態度並付諸實施。這種關懷，包括兩方面：一是要為每年數以十萬計的來敦煌參觀、考察的人著想，為他們看好、看懂創造條件（比如提供簡明易讀的參觀指南、在介紹洞窟基本內容的同時宣講最基本的敦煌歷史文化知識與文物保護知識等）；二是為常年在莫高窟工作的同仁改善工作、學習與生活條件，尤其是在業務進修方面，院領導也下了大決心，這是培養人才的重要環節。我記得有一次常老在回憶敦煌藝術研究所創建的艱難時，也曾十分真誠地自責對年輕人的生活與學習關心得不夠。他說：「那時有一股勁，光號召當『拚命三郎』，忘記了長期奮鬥既要有好身體，又要不斷充實知識。」敦煌研究院成立後，各方面的條件都有了大的改善，但相對而言，在窟區的生活還是比較艱苦，尤其是對剛從大城市、從大學校園來的年輕人來說，鍛鍊與關懷並行不悖。此外，「以人為本」還有另一層不可輕視的意義：只有讓更多更廣

的人真正認識與理解了敦煌文化的價值，才能自覺地將守護敦煌文物當作自己神聖的職責，改被動的「防治」為主動的「維護」。我們常常感慨：當年美國人華爾納企圖再次劫盜敦煌壁畫、彩塑，是敦煌的民眾自發拿起鋤頭、木棍把他趕跑的。如果今天能通過深入人心的宣傳教育工作，激發出這樣的覺悟，我們的文物保護就會事半功倍。這些年來，我們的文物保護加大了「物」的投入（包括新科技手段），而比較忽視「人」的提升（包括人文素養的培育），這是應當改進的。六年前，我曾經寫過一篇談文物類圖書應優化結構的短文，談到應該加大出版普及文物知識圖書的力度。文中舉了一個例子：文物出版社一九五九至一九七八年間曾印行敦煌藝術類小畫片三十種二十五萬多套，每套定價在○點五至三元之間，平均每張五六分錢。現在此類畫片早已絕跡，代之而起的是價格越來越昂貴的精美大圖錄。普及文物知識是提高研究水平的基礎，也是加強全民保護意識的前提。還有展覽問題，也是普及文化知識的重要手段。這五六年來，敦煌研究院為此作了很大努力，在京、滬等地舉辦的敦煌文物、藝術展引起很大反響。我建議今後的展覽應增添敦煌文物與周邊環境保護的內容。

敦煌研究的創新，是常老十分關注的一個話題。他在晚年，經常提及自己有許多沒有做完的事，有沒有實現的夢想。他這樣回答日本友人池田大作：「如果真的再一次托生為人，我將還是『常書鴻』。我要去完成那些尚未做完的工作。」繼續做，並非簡單重複，而是在新的條件下不斷創新。例如常老一直夢想恢復敦煌壁畫原有的絢麗色彩，今天已經在運用電腦技術由研究院與浙江大學合作實施。又如採用數字化技術來儲存與複製洞窟內容，這在過去是難以想像的，今天也逐步變為現實。這幾年有人認為，敦煌學歷經百年，無論是洞窟藝術還是藏經洞遺書，都公布得差不多了，要出新成果就得有新材料。其

實，新材料固然重要，已有的資料還遠遠沒有研究透，隨著觀念的改變，理解的加深，方法的更新，手段的進步，加上相關學科新成果的啟示與促進，會有許多新課題擺在我們面前。這幾年，北京的學者特別關注「敦煌學史」的問題，還為此召開了專題的國際研討會。與此密切相關的，莫高窟環境變遷史，敦煌文物流散史，敦煌文物保護史，敦煌文化交流史，敦煌宗教史，以及學界久議未決的藏經洞性質與封閉原因等等，都有待我們去研究。我認為，新材料、新問題、新方法、新觀點、新成果，都應歸結到體系的創新。敦煌石窟的保護與研究要呈現嶄新的面貌，「敦煌學」應該建立起自己獨特而完備的學科體系，這是常書鴻先生等老一輩夢寐以求、為之畢生奮鬥的志向，也是我們這些後輩學人努力的目標。今天，只有在科學發展觀的指導下，我們守護敦煌才會更有信心、更有辦法、更有成效。

（2004 年 4 月於北京）

論「常書鴻精神」
—— 在常書鴻先生一百週年紀念誕辰座談會上的發言

　　首先，要感謝敦煌研究院安排我代表中國敦煌吐魯番學會在這個隆重的紀念大會上發言。學會會長季羨林先生因為身體原因不能與會，他要我轉達對大會的祝賀，轉達對樊錦詩院長以及敦煌研究院全體同仁的敬意，轉達對常書鴻先生家屬的親切問候！同時，國際敦煌學聯絡委員會的高田時雄教授、郝春文教授、鄭阿財教授也讓我轉達他們對會議成功舉辦的良好祝願。

　　一個多月前，我又一次徜徉在法國巴黎塞納河畔的舊書攤頭，追尋常書鴻先生的足跡。七十年，時光似水，往事如煙，雖然今天在那裡已經找不到伯希和的《敦煌圖錄》，常書鴻的名字對那些攤主來講也已相當遙遠與陌生，但當年常先生正是在這裡從圖錄中受到敦煌藝術的震撼，毅然回國，從一位蒙巴納斯的畫家變為守護敦煌千佛洞的苦行僧。我想，百年之後常書鴻的名字是否為人們熟知已經無關緊要，常先生也不會希望後人再去翻閱他的功勞簿，重要的是他作為一位愛國知識分子的心路歷程已經與世界文化遺產的命運緊緊相連，他的一

生業績已經匯入「敦煌學」這個世界學術的新潮流之中，化為一種精神——我想可以稱之為「常書鴻精神」。這種精神，我的體會包含以下三個方面：

第一，對祖國與民族文化藝術寶庫的摯愛。一位在歐洲研習西洋油畫藝術已經卓有成就的美術家，為什麼在初識敦煌壁畫與雕塑後會有如此巨大的震撼？許多人至今無法理解，也有人將其歸之於藝術家一時的衝動，或是某種心靈的感應。其實，常先生生於清末民族危亡之際，作為生活在西子湖畔駐防旗人的後裔，也作為一名自幼喜愛傳統民族藝術的畫家，目睹民族、國家衰亡，自然會對敦煌藝術瑰寶有著特別強烈的感受，對世紀初外國人劫掠中國的珍寶有著相當敏感的反應。需要指出的是，當時身處世界藝術之都的常先生的這種感情與決斷，絲毫不帶狹隘的民族主義情緒，他的皈依敦煌也絕非一時心血來潮的衝動，而是出於對屬於祖國也屬於全人類的藝術寶庫的摯愛，出於對各民族文化交融的嚮往與正確理解，也出於要學習繼承與發揚光大古代文化遺產的信念。我們知道，在常先生為敦煌事業奮鬥的半個世紀裡，莫高窟的藝術珍品經受過多次政治運動與各種錯誤思潮的衝擊，可常先生不管身處何種境地，始終沒有懷疑過敦煌文化藝術的價值，始終沒有放棄過對敦煌事業的摯愛。我想到，近年來有人津津樂道地宣揚有的學術大師脫離政治的「特立獨行」，這其實並不真實，也不現實。正如莫高窟藝術的創造、保護、發揚，也從未脫離於一定的政治、經濟、軍事背景一樣，從事敦煌學研究的學者，從未脫離過時代的風雲變幻。關鍵在於如何正確把握這些變幻且不改初衷。人們讚譽常先生為「敦煌守護神」，並不是要將他神化，而是肯定他已經將保護莫高窟這個舉世無雙的藝術寶庫的行動昇華到了置世俗於蔑如、置榮辱於兩忘、置生死於度外的崇高境界。

　　第二，對藝術真諦孜孜不倦的探索與創新。常先生是在守護莫高窟的事業中成就為一代藝術宗師的，他對敦煌藝術的摯愛集中反映在通過保護、臨摹、考察、著述等多種方式來探求藝術的真善美。從洞窟的型制、年代，壁畫與雕塑的原材料、內容、形式、技法、風格，到敦煌藝術在中國與世界藝術發展史上的地位等，他都反覆、細心、不斷地研究思考。在重點審視莫高窟藝術瑰寶的同時，他也注意拓寬視野，不僅關注從希臘到中國、到日本的藝術風格的影響與流變，而且足跡遍及河西與新疆的石窟，為我們留下了豐富的第一手資料。在他晚年患病在北京休養之時，許多事情已經失憶，而對於敦煌藝術的方方面面，卻仍能侃侃道來，如數家珍。他多次說到自己有一個永不放棄的夢想，就是要復原敦煌早期壁畫的絢麗色彩，希望能在新一輩研究者的努力下實現。他自稱「杭鐵頭」，勇往直前，從不退縮，也不斷告誡後人要有克服重重困難的勇氣與決心。在北京木樨地常先生的寓所，人們在他的茶几上看到的最醒目的標誌，就是他親筆書寫的克服困難的座右銘。他正是在這種不斷探索與創新的過程中獲取了生活的甘泉，使自己身處黃沙戈壁而心懸彩虹，常年生活艱苦單調而精神世界異常豐富。

　　第三，對敦煌事業的忘我投入與無私奉獻。人們說：常老的一生是坎坷的一生、傳奇的一生、輝煌的一生，而貫穿這些坎坷、傳奇與輝煌的，則是他對敦煌事業的忘我投入與無私奉獻。七十年代末，我曾與撰寫報告文學作品《祁連山下》的作家徐遲先生有過接觸。徐遲先生告訴我，當年正是常先生的忘我精神讓他感動不已，也才能使這篇文章打動千千萬萬的讀者。從西子湖到塞納河到鳴沙山，生活環境有巨大的反差，可常先生從不言悔。徐遲先生也是浙江人，對此亦有切身的感受；我自己也是常老的家鄉人，在西北工作過多年，當然深

有同感。在那些歲月裡，常先生對莫高窟的保護與研究工作，不僅自己全身心地投入，而且對包括子女在內的其他人也嚴格要求，有時會讓人感覺似乎不近人情。常先生並非完人，在工作中也會有這樣那樣的失誤，但因為他無私忘我，所以能夠始終心地坦蕩地面對種種挫折與非難。也正因為有這種「雖九死其未悔」的精神，他在回答日本池田大作提問時毫不猶豫地說：如果人有來世，他還要做守護敦煌的常書鴻。與有些人斤斤計較於個人得失恩怨不同，在常老晚年，我多次聽他講敦煌，卻從未聽見他提起「文革」中受衝擊之事，也未聽見他抱怨過敦煌研究院的任何同事；他總是為研究院的每一個進展而感到由衷的欣慰。在晚年，他多次表示希望魂歸敦煌，希望自己的作品能無償捐贈而不求回報，希望莫高窟更加輝煌。

最後，我還想強調指出，我們在這裡所論述的「常書鴻精神」，凝聚了為敦煌事業而獻身的幾代「敦煌人」的優秀品質，也是中華民族傑出知識分子崇高精神的集中體現，它不僅屬於以常書鴻先生為代表的老一輩「敦煌人」，也屬於今天在樊錦詩院長帶領下的新一輩「敦煌人」，是敦煌學界乃至整個中國學術界的寶貴精神財富。今天，我們在這裡隆重紀念常書鴻先生百年誕辰，緬懷前輩業績，也正是為了更好地繼承與發揚「常書鴻精神」，堅定信念，努力探索，無私奉獻，將敦煌事業不斷推向前進，為保護人類文化遺產、繁榮學術事業做出新的貢獻！中國敦煌吐魯番學會和我本人都願意為此繼續付出努力，做好為學術界服務的工作。

謝謝大家！

《敦煌學概論》前言

　　一九〇〇年六月二十二日敦煌莫高窟藏經洞的重新面世，石破天驚，舉世矚目。隨即，因藏經洞大量珍貴古代寫本流失海外，一門代表「世界學術之新潮流」的「敦煌學」迅速形成，而迎立潮頭的國內學者卻寥若晨星；至於遠赴歐洲尋訪敦煌寫卷的僅數人而已，之中就有姜亮夫先生。姜老晚年，曾幾次同我談起他三〇年代在法國國家圖書館抄寫敦煌卷子的情景，大約可以用八個字來形容：含辛茹苦，廢寢忘食。他是自費去的，在巴黎這個「世界藝術之都」裡，自甘寂寞，遠離塵囂，捨棄一切消閑，伏案埋首於故紙堆中，不僅要節衣縮食，費神傷目，而且放棄了獲得博士學位的機會。二十世紀九〇年代初，姜老的視力已經衰減到只能勉強辨認眼前的指影，但每當他對我講起在歐洲的辛勞，便雙目炯然有光，流露出無悔的剛毅神色。

　　在中國老一輩的敦煌學家中，姜亮夫先生不僅是第一位撰寫普及敦煌文化與敦煌學知識讀物的名家（這有 1956 年出版的《敦煌——偉大的文化寶藏》一書為證），也是第一位在高校開辦敦煌學講習班的大師，這本《敦煌學概論》就是根據他在一九八三年的講課錄音整理而

成的。《敦煌學概論》是中國第一本講述敦煌學的簡明教材。姜亮夫先生以自己走上研治敦煌學的親身經歷與感受入題，娓娓道來，飽含愛國主義的情感與對年輕一代的熱切期望，並推本溯源，深入淺出，從影響人類歷史發展的高度來評述敦煌學在中國乃至世界文化史上的價值，又言簡意賅地介紹了敦煌文獻與藝術品的豐富內容，講授了如何研究敦煌寫卷的方法。一本不足八萬字的小書，其內涵之豐富，學問之廣博，感情之充沛，均非一般的高頭講章之所能及，也絕不亞於一些煌煌巨著。在某種意義上可以說，這本小書是姜先生一生教學與研究敦煌學的結晶，也是他治學精神與人格魅力的集中體現。姜老生前最關心的一件事，就是傳統文化的普及工作。他對普及敦煌文化與敦煌學知識高度重視並身體力行，為此傾注了大量心血，反映了他的遠見卓識。因為沒有普及，提高便失去了堅實的基礎；沒有普及，人才的培育就缺乏充沛的營養。姜老開設敦煌學的講習班，撰寫普及性的讀物與教材，既開了中國高校培養敦煌學專門人才的先河，也是讓更多的學人感受「世界學術新潮流」的有益嘗試，這在敦煌學史上是值得大書一筆的。

我常常感慨遠隔萬里的浙江與敦煌之間的緣分。姜老是雲南昭通人，青年時代北上求學，又遠赴歐洲尋訪國寶，後歸國任教，飽受顛沛流離之苦，最後定教席於杭州大學。於是，浙江學子有幸，能在一位大師的諄諄教誨下耕耘楚辭學、敦煌學、語言學的園地，培養出了數代學術菁英。我自小生長在西子湖畔，算是地地道道的杭州人，而且與姜老的愛女姜昆武還是杭高同年級學友，但因一九六一年到北京師範大學學習，畢業後又到新疆任教，無緣涉足姜老門牆；然而，我既與大西北有緣，亦與敦煌有緣，終於得以在姜老晚年多次親聆大師的教誨。尤其讓我難以忘懷的是，姜老在病榻上和我談得最多的話

題，就是如何為年輕學子創造更多更好的學習進修條件，去完成老一輩想做而未能做成、做好的課題。一九八三年八月，中國敦煌吐魯番學會在蘭州成立後，根據包括姜老在內的著名學者的建議，中央批給學會一筆經費，用以開展敦煌學的資料整理、學科建設與成果出版。當時學會專門撥了幾萬元錢，作為姜老敦煌學著作的出版補貼。可是，姜老一直捨不得用，想用來扶植青年人。有一次，姜老針對杭大古籍所裡有的負責人與年輕教師鬧矛盾的事，動情地對我講：「對青年人要發揮他們的長處，真心地培養他們。如某某人，有發展前途，就應該給他創造機會，比如送他出國去進修。研究中國古代語言的，不光是懂俗語詞，有條件還要多學外語，學習古印度的梵文，學習古代西域那些少數民族語言，我們的敦煌學研究才能彌補空白，老一輩未做成的事才能做好。」當時，出於對姜老健康的關心，教育部的一位領導曾勸他「垂簾不聽政」。他跟我說：「這我恐怕做不到。」確實，他一直在過問、關切所裡的事，決非是為了被有些人看重的權力，而是為了教學與研究的順利進行，為了年輕人的健康成長。一九九四年夏，杭大幾位青年教師陪我到浙江醫院去探望姜老，當時他已不能說話，恐怕眼睛也看不見我們，可一聽見我們的聲音，馬上露出笑容，並伸出手來和我們緊緊相握，表達了他對後輩的關愛與期望。

斯人已逝，事業長存。我想，這本《敦煌學概論》收入北京出版社的「大家小書」叢書再次推出，也是對姜亮夫先生最好的一個紀念。十八年前《敦煌學概論》在中華書局初版時，我有幸擔任此書的責任編輯，這大概是今天北京出版社的同行囑我寫這篇「前言」的一個原因。八年前姜老仙逝時，我曾趕回杭州為他送行，當時很想寫一些悼念的文字，卻久久不能下筆。去年召開紀念姜老百歲誕辰的學術研討會，我寫了一篇重新閱讀《敦煌——偉大的文化寶藏》體會的文章，

終覺得言猶未盡。這篇「前言」，就算是一點補充吧。

（2003 年 11 月 22 日）

讀《蔣禮鴻集》的體會

　　二〇〇一年歲末，浙江大學古籍所寄來了印裝精良的六卷本《蔣禮鴻集》。我望著如同雲從先生一樣樸實無華的是書封面，望著封面上先生的照片與手跡，不免感慨萬分！蔣先生生前恐怕未曾有過出文集的奢望，因為我知道，在他的晚年，曾為了出版《類篇考索》而頗費周折，最後仍未及親見成書抱憾而歿。我想，如果蔣先生得知他的弟子們懷著對老師的崇敬與感激之情，齊心合力，終於在新世紀開端之時整理出版了自己的文集，他一定會含笑九泉的。

　　一九九四年秋，我回到家鄉杭州參加一個學術會議。期間，蔣先生的一位弟子告訴我，說蔣先生有事要找我，我趕忙到蔣先生的家中去看他。這時，他的身體已比較虛弱，但精神還可以。他對我說：宋代司馬光等人編著的《類篇》，已有多種影印本行世，自己作了若干訂誤考索，已經成稿，自己認為還不無可用之處，希望能印出來供學術界參考；但目前出版此類書甚難，連繫過幾家出版社，都未成功，柴先生是中華書局的編輯，能否幫我想想辦法。（大意如此）我知道蔣先生此書的學術價值，但依書局語言編輯室當時的狀況，要接受蔣先生

的書稿很難，而且即便接受，週期也會長得可怕。因此，我答應回京後想辦法。我看得出來，蔣先生説話時心裡是惴惴不安的。而我的心中則更加不安：一是作為一名編輯，為瀰漫出版界唯利是圖的風氣感到氣憤而羞愧；二是對能否完成蔣先生的託付心裡沒有絲毫的把握。回京後我先在書局作了試探，結果不出先前所料。於是，我到北大去向季羨林先生報告此事，請他想想辦法，如無別的辦法，則看看我們敦煌吐魯番學會能否籌點錢幫蔣先生出版此書。季老親自出馬，很快便有了結果：有豪爽助人傳統的季老家鄉的山東教育出版社答應接受此書。後來的情況我就不很清楚了，大約雖然也有些具體工作上的周折，但出版此書的進程還算順利。只是蔣先生的病情卻日益沉重，他終於沒有等到新書印成的那一天。《類篇考索》出版後，蔣先生的家屬特地寄樣書給我，還寫了表示感謝的話，而我卻除了一分安慰外，餘下的是九千九百九十九份的遺憾和悲哀──一個在教學與科研的園地裡辛勤耕耘了一輩子的學者，他的著述（如《敦煌變文字義通釋》）惠及國內外多少學人，也給出版社帶來過利潤，卻不能順利地出版同樣有學術價值的著作！

　　幸好，我的遺憾與悲哀現在被《蔣禮鴻集》出版所帶來的喜悦沖淡了，我要十分地欽佩蔣先生的忠實弟子為此書編輯付出了辛勤的勞動，也十分地感謝浙江教育出版社為此作出的努力。我還要特別提及我的同行鄭廣宣編審，作為本書責編，他為此六卷本的出版而付出巨大心血是不言而喻的。因為我知道，這樣一部出自眾手整理的二四○多萬字的學術巨著，從最後編輯完成到出書，只用了不到一年的時間，如果沒有追求高效率的、負責而認真的工作精神，是難以想像的。

　　《蔣禮鴻集》出版後，有朋友要我寫篇書評。我深知，以自己淺陋的學識，實在沒有資格來寫是集的書評。在這裡，我只能就其中敦煌

學界最熟知的《敦煌變文字義通釋》所體現的蔣先生的治學精神和方法，來談點粗淺的體會。

　　《敦煌變文字義通釋》是蔣先生最重要的代表性學術專著，也是語言學界公認的最出色的古漢語語詞工具書，誠如顏洽茂教授在《整理後記》中所述：「它的著成不僅解決了變文閱讀中的困難，而且推動了漢魏六朝以來方俗語詞研究這一訓詁學新課題的進程，對漢語詞彙史研究有不可磨滅的貢獻。」因此，它於一九五九年由中華書局初版問世後，即受到敦煌學界的熱烈歡迎與語言學界的高度評價，很快銷售一空。同時，大家熱誠地提出補充意見，並希望蔣先生能擴充內容。而蔣先生自己從是書出版之日起就開始從事訂補，因此在當年十一月就完成了修訂本的工作，第二年再版，全書字數從七萬七千字擴充為十一萬二千字，篇幅幾乎增加了一倍。然後是三版、四版、五版，蔣先生仍孜孜不倦地陸續做著修訂增補的工作，直至去世。一九九七年，上海古籍出版社出了此書第六版，字數已增加到了四十三萬六千字！事實上，蔣先生在數十年間，一直沒有間斷過對敦煌變文語詞的探索，不但虛心聽取學界的各種意見，而且不斷地向自己提出問題，思考答案。這一點，我們只要讀一讀他寫的《重版後記》、《三版贅記》（其中還有《四版附記》等）、《五版後記》即可明了。《敦煌變文字義通釋》有三個附錄：其一為《變文字義待質錄》，把尚不能解釋的變文詞彙一一列出，「期待大家指教」；其二為《敦煌變文集》校記錄略，說明是繼徐震堮先生而對《敦煌變文集》校記所作的補正工作，節錄其中涉及訓詁假借或較難通曉的條目，以供參考；其三為《敦煌曲子詞集》校議，實際上是要解決曲子詞釋辭和變文脫節的問題。這三個附錄既表明了蔣先生的治學態度與精神，也反映了他科學的治學方法。事實上，一方面，只有不斷地提出問題，勇於求索，永不自滿自

足，才能求真、求實、求進，求通。在治學的道路上，從來都沒有坦途直道可走，任何人都不可能百分之百的正確，敦煌學的研究同樣如此，而且由於敦煌寫本的一些特殊性，誤釋誤斷的可能性更大，我們應像蔣先生這樣，既敢於向自己提問，也勇於向謬誤挑戰，歡迎批評。如果別人一提不同意見，就採取抵制、反對的態度，甚至於耿耿於懷，那是最不聰明的。另一方面，任何學術問題的提出、考察與解決，都應該具備堅實而廣博的學識基礎，力求融會貫通，而不是死據一隅、鑽牛角尖。關於釋變文字義的方法，蔣先生在他自己寫的《自傳》中有一段十分中肯的表述：「有些熱情的讀者說我這本東西跳出以前訓詁學家考辨經史的窠臼而另闢境界，我自己多少不同意這樣的過情之譽。就方法而言，我用的還是顧亭林、錢竹汀以來的那一套，沒有也不能把他們一拳打倒，兩腳踢翻；我不過是把場地轉移一下而已。我所揭櫫的『縱的、橫的連繫，難道我們的前輩沒有運用過嗎？至多在量上有差別而已。而我至今猶感欠缺的還是那種連繫不夠充分，有待博雅的讀者教正。不久以前，山東大學殷煥先先生率領研究生來杭州，要我談談對變文字義研究的設想。我大致講了顧亭林以來的本證、旁證，參互校核及兩種系聯等辦法，並提出解疑、通文、證俗、探源這幾種繼續從事的方向。所謂『通文』，是讓變文字義的解釋施及其他文獻或文學作品。」（見《蔣禮鴻集》第六卷第 615 頁）這段話，既講明了何謂「變文字義通釋」之「通」，講明了訓詁學家應採取的基本方法，也向我們展示了一位學者的坦蕩胸襟。那些動輒就宣稱自己已經「超越前人」，朝思暮想要打倒、踢翻前輩的人，在蔣先生面前不是顯得格外渺小嗎？當然，我必須說明的是，蔣先生的人格魅力，並不只在於謙遜，他又同時是一位絕不隨俗的學者。錢鍾書先生曾以《雪喻》一詩贈蔣禮鴻先生，讚譽蔣先生如冰雪般潔身自好，但

又以「食肉奚妨貞士相，還期容俗稍恢恢」二句勸他隨和一點。蔣先生以詩作答，在感謝錢先生贊許之同時，又表示不能苟同隨俗的意見：「與失不恭寧守隘，敢持諤諤配恢恢？」（同上，第 567 頁）因此，我們捧讀蔣先生的文集，只有首先學習他的為人，才能真正領會他的學術真髓。

（2002 年 5 月）

獻給敦煌學百年的厚禮

──《浙藏敦煌文獻》出版感言

　　自一九〇〇年六月二十二日敦煌莫高窟藏經洞重見天日至今，一門反映「世界學術新潮流」的國際顯學──「敦煌學」，也經歷了近一個世紀漫長而曲折的歷程。七八十年前，中國一些著名學者單槍匹馬遠赴歐洲抄錄流失海外的敦煌寫本，備嘗艱辛；近十幾年來，隨著中外學術文化交流條件的改善，在中國敦煌學界、出版界的共同努力下，一大批高質量的敦煌文獻圖錄本陸續出版發行，舉世矚目。相比之下，中國敦煌學的迅猛發展自不待言。然而，敦煌學仍是一門方興未艾的學問，過去的一百年成績卓著，未來的一百年任重道遠，這是學界共識；新世紀敦煌學的發展，在一定程度上仍將取決庋藏於世界各地、尚未為世所知的敦煌寫本的整理與刊布，這也是學界共識。因此，浙江教育出版社新近出版的《浙藏敦煌文獻》圖錄本，正是獻給敦煌學百年的一份厚禮。

　　浙江學人在二十世紀敦煌學的創立與發展過程中有著極為重要的特殊地位。羅振玉、王國維等浙江籍學者，是開創敦煌學的先驅；常

書鴻、姜亮夫、趙萬里、王仲犖、蔣禮鴻、史岩、夏鼐、潘絜茲、郭在貽等著名專家，在各自的研究領域作出了傑出的貢獻；王伯敏、樊錦詩、施萍婷、項楚及一批中青年學者，已經成為當代敦煌學研究的中堅力量。正是由於他們堅持不懈的努力，使得浙江至今仍是中國敦煌學研究的重要基地之一。另一方面，浙江的敦煌文獻收藏，則由於長期以來處於「養在深閨人未識」的狀況，沒有進行過全面、系統的調查、著錄和整理，因此未引起世人足夠的關注。可以說，《浙藏敦煌文獻》的出版，為二十世紀敦煌文獻的普查與整理工做作出了新貢獻。

《浙藏敦煌文獻》刊布了浙江省境內公家所藏東晉至宋初的敦煌寫本二〇一件。這些藏品有三個顯著的特點：

第一，內容門類豐富，除佛教經卷外，可以確定的還有道經、經濟文書、願文、詩詞、小説、書儀、畫像等。藏品大部分為漢文寫本，也有少量藏文、回鶻文寫本。此外，還有零星裱裝及包裹寫卷的唐代實物，據研究者統計，藏經洞發現後不久即遭劫掠，大量非佛經文獻精品流失海外，國內所藏遂稱為「劫餘」。浙藏的非佛經寫本雖然也是少數，但比例大於北京國家圖書館所藏，而且有些有相當重要的研究價值。如浙博 001 號的初唐寫本《黃仕強傳》，與英、法、俄、日及北京所藏七個同名寫卷相比，最為完整，而且抄寫精良。又如浙博110 號《敦煌鄉百姓曹海員訴狀》，不但呈文完整，而且有疑為曹議金的親筆批示，實屬難得。即便是佛、道經寫卷，浙江所藏也頗具特色，有不少抄寫完整、書法精美，有的則為它處所罕見（如《太子慕魄經》、《洞淵神咒經》），是進行比勘研究不可或缺的寶貴材料。

第二，浙藏敦煌文獻中大部分曾經被著名學者收藏，由於收藏者有較高的學識修養，所以一些藏品不僅是他們共同鑑賞的珍品，也成為學者間切磋史學、書學、金石學的研究對象，在觀賞及裱裝過程中

留下了不少題跋，成為藏品不可分割的組成部分，也為它們增添了相當重要的價值。如浙圖20號《佛說如來相好經》一卷，初由張孟劬餽贈馬敘倫，後再移贈邵裴子，輾轉流傳中馬、邵二人所寫的數則題識既記錄了卷子流傳的經過，也留存了他們為寫卷所作的考證，成為後人進一步研究的重要基礎。又如浙圖05號《金剛般若波羅蜜經》曾由弘一法師經眼題觀，留下了這位佛學大師的珍貴手跡與印章。至於張宗祥、黃賓虹裱裝後捐贈的寫卷，卷邊片言隻語的批注，也都彌足珍貴。也正是由於張、黃二人的眼光，他們還特別注意收藏了一批唐代佛經的引首紙、護手絹、束經帶、綴接線及原裝木軸、軸頭，真讓我們欣喜不已。

第三，浙藏敦煌寫卷相對完整且保存良好。正是由於原收藏者的眼光、學養，浙藏的大多數寫卷都及時地作了裱裝，也由於後來各入藏單位的精心保護，所以卷子品相甚好。浙藏寫本長卷之多令人欣慰。我作過一個簡單的比較：俄國所藏敦煌寫卷總數達一萬二千餘號，卷子長度超過六十二釐米的只有259號，僅占百分之二左右，碎片之多使人嗟嘆不已；而浙藏寫本長度超過一米的即有二十五件，占總數的百分之十二以上，其中有十一件長度在六米以上！需要指出的是，從浙藏的一些短片上也可以看出，許多寫卷明顯是在流散過程中被人為裁截割裂的，實在已是「劫餘」之劫餘了。

在《浙藏敦煌文獻》的編輯出版過程中，還有兩點也是讓人感奮不已、值得一提的：一是出版社與收藏單位及學術界密切有效的合作，二是一些學界泰斗對此項工作具體而寶貴的指導與幫助。對浙藏敦煌寫本的普查與鑑定，是在中國敦煌吐魯番學會提議與具體指導下進行的，不但收藏單位大力協助、積極參與，而且很快便得到了浙江教育出版社的鼎力支持。出版社領導以敏慧的眼光對此項工作迅速作

出反應，禮聘學術顧問，組織編委會，在開展普查鑑定的同時，有條不紊地落實拍攝膠片、編寫敘錄的工作；而這項工作開展伊始，就得到了季羨林、啟功、周紹良、饒宗頤、馮其庸等著名前輩學者的熱心指導與幫助，他們仔細看了部分浙藏敦煌寫經原卷或照片，並對它們的書寫年代、內容、價值以及如何著錄整理提出了中肯的意見。最讓人感動的是業師啟功先生眼患黃斑病變，還拿著一柄放大鏡一張照片一張照片地鑑別寫卷字體風格，而且欣然為此書題簽。在最艱難的寫卷定名過程中，除京杭兩地的編委反覆認真切磋外，國家圖書館敦煌吐魯番資料中心、中國佛教文化研究所信息中心、中國藏學研究中心的一些研究人員也無私地為之對照考訂。著名藏學專家、中央民族大學王堯教授，剛從國外歸來，聽說其中有兩個古藏文寫本難以確認，馬上承諾以最快的速度進行考辨。據我所知，從編委會正式開展工作到此書高質量地印裝出版，才用了不到九個月的時間。這種令人欣喜的高效率，與前面所述兩點體現出來的團結協作與無私奉獻精神是分不開的。我們需要這種精神！

（2000 年 7 月 4 日）

《敦煌學述論》新版序言

　　一九〇〇年六月二十二日（農曆五月廿六日）敦煌莫高窟藏經洞的發現，是近代中國乃至世界文化、學術史上的一件大事；其最直接、最重要的影響之一，就是導致了一門真正世界性的學問——敦煌學的逐漸興起、形成和發展。由於眾所周知的原因，敦煌學最初是伴隨著大量珍貴的敦煌文物的被劫掠、遭流失而產生的，因此對中國學術界來說，也伴隨著傷心恥辱與發憤崛起。今天，當「敦煌在中國，敦煌學在世界」這個結論已被世人普遍認同之時，我們尤其不應忘記數代學人為此拋灑的心血與付出的辛勞。敦煌學近百年的歷史，既艱難而曲折，也充滿了自豪與希望。

　　我們又決不能自滿，因為敦煌學還必須前進和發展，許多課題亟須解決，研究隊伍應該擴大，學科水平有待進一步提高。要做到這些，一項刻不容緩的任務就是要更努力、更認真、更有成效地普及敦煌學知識。普及是提高的基礎，這道理是一點也不錯的。提高全民的文化素質，要從中小學乃至幼兒教育抓起，便是這個道理。最近，有一位作家對我說，據她在參觀莫高窟時的采訪，日本參觀者對敦煌藝

術的了解要比我們本國的觀眾更多、更深入，態度也更為認真而虔誠。對此，我沒有作過調查分析，沒有發言權；但是，據我所知，近幾十年來，在日本國土上舉辦的敦煌文物及相關藝術品的展覽以及出版的普及性圖書，無論在數量與規模上都是相當可觀的；他們所培養的從事敦煌學研究的專門人才，其數量與水平也不可低估。這就再一次提醒我們：應當在敦煌歷史文化知識與敦煌學的普及工作上花更大的氣力。

我自己是在八〇年代初到中華書局工作後才涉足敦煌學研究的，只是在審讀有關書稿的過程中進行了初步的學習，也急切企盼能有更多更好的敦煌學的普及讀物（包括中等的學術性著作）問世。為此，我曾約請一些學者編寫了《敦煌文學作品選》（周紹良主編），負責編發了《敦煌學概論》（姜亮夫著）、《敦煌史話》（胡戟、傅玫著）等書稿與《文史知識》雜誌的「敦煌學專號」，組織兩位年輕朋友寫了《飛天史話》。也正是基於此，當劉進寶的《敦煌學述論》由甘肅教育出版社在一九九一年底印行後，我便給予了較多的關注，積極推薦該書在臺灣地區出繁體字版，也努力促成其譯成韓文在韓國出版。

據我所知，《敦煌學述論》出版後，廣大讀者的反映是好的，敦煌學界也持基本肯定的評價，因為這是一本內容較豐富、評述尚客觀、文字樸實、條理清晰的普及讀物。當然，也正如有人所說，敦煌學的普及讀物是最難寫的，這不僅是因為它涉及眾多學科，涉及千百年的中外多民族的文化交流；而且也因為有許多難題尚待解答，不少疑點仍眾說紛紜；更何況作為一門「世界性的顯學」，敦煌學研究成果可謂日新月異，又涉及多國文字。因此，僅僅是蒐集較完備的資料與較新的信息這兩條，就要付出極大的努力。劉進寶開始寫作此書時，還是一名剛獲得碩士學位的青年教師，其艱苦程度也就可想而知了。正因

為如此，如果敦煌學界的專家學者對此書提出這樣那樣的意見，也是不足為怪的。從該書初版至今，已有近十年的時光。其間敦煌學的發展，可謂迅猛異常；進寶本人，也已成長為一位專門從事敦煌學研究與教學的教授。可以說，撰寫一本高質量的敦煌學普及讀物的主、客觀條件，都比十年前好了許多。因此，最近進寶同志趁該書重印之機，對書中原有的內容作了修訂，又增寫了不少新的東西，這既體現了學術的進步，也體現了作者及出版社對讀者負責的精神。

歷史的長河奔騰不息，世界即將進人二十一世紀。我們敦煌學界在積極籌劃莫高窟藏經洞發現一百週年紀念活動的同時，不應忘記這也是我們普及敦煌歷史文化知識、宣傳敦煌學的大好時機，是弘揚中華民族優秀傳統文化、促進中外文化交流的大好時機。就相關的出版物而言，我們不僅需要更多更好的高水平、有創新的學術著作，而且需要更多更好的準確有用、通俗易懂且價格低廉的普及讀物。我們也十分清楚，廣大讀者最關心的一些問題，比如藏經洞的性質及其評價，學術界至今並沒有作出令人滿意的回答；每年到莫高窟的中外參觀者數以十萬計，卻至今沒有一本簡明有用的參觀手冊或說明書。我期望經過敦煌學界與出版界同仁的努力與協作（包括中外學者的進一步合作），這種狀況能得到迅速改變，一些難題（包括敦煌文物的回歸）也能有圓滿的答案。我當然也企盼劉進寶教授能為此做出更多的貢獻，這也是我寫這篇小序的主要目的。

（1999 年 10 月 5 日於北京）

《敦煌絲綢與絲綢之路》序

　　趙豐教授將他主編的《敦煌絲綢與絲綢之路》書稿交給中華書局，並索序於我。我對古代橫跨歐亞大陸的絲綢之路雖興趣甚濃，但認識尚淺，對敦煌所出古代絲織品更是毫無研究，只是我心裡明白，這是一種緣分；而緣分是由比際遇更難於抵禦的「因緣」所確定的，只能認可，無法推卻，所以便允諾了。

　　先簡述「因緣」。我父親柴煥錦（1913-1996）是浙江省高級蠶桑學校（浙江絲綢工學院、浙江理工大學的前身）早期的畢業生，一生從事絲綢工藝的實踐與管理工作，晚年還擔任過浙江絲綢工學院研究生論文的答辯委員。而趙豐君正是「文革」浙江絲綢工學院的本科生和高材碩士研究生，在中國紡織大學（東華大學前身）獲得博士學位後回杭州工作，擔任了中國絲綢博物館的副館長。百廢待興之時，建設一座中國特色的絲綢博物館又正是我父親那一代絲綢工作者多年夢寐以求的，我清楚地記得他們在籌建時的喜悅之情和具體設想。至於我自己和絲綢之路及敦煌的緣起，就無需在此贅述了。去年，趙豐教授倡議成立中國敦煌吐魯番學會染織服飾專業委員會並掛靠在東華大

學，我也是堅定的支持者之一。可以説，上述層層因由，促使我對作為國家社會科學基金項目成果的《敦煌絲綢與絲綢之路》情有獨鍾，期盼它早日問世。

　　現在再談談我對此書價值的一點粗淺認識。古代敦煌是絲綢之路的「咽喉之地」，舉世矚目的莫高窟藏經洞所出的絲織品理應成為敦煌學的重要研究對象。可是作為「世界學術之新潮流」的「敦煌學」形成、興起百年以來，對敦煌壁畫、彩塑藝術及以古寫本資料為中心的地理歷史、宗教文化、政治經濟、語言文學等方面的研究成果層出不窮，而對敦煌絲織品文物的專門研究卻相對薄弱，尤其是對其應用類別、圖案紋樣、製作工藝及相關的文化交流缺乏具體的探索。研究絲綢之路而對絲綢語焉不詳，這不能不説是很大的缺憾。所幸趙豐教授在經過了多年對古代絲綢（如青海都蘭墓地所出古代絲織品）的潛心研究之後，厚積薄發，從本世紀初與包銘新教授一起開始帶領王樂等助手與學生切入了古絲路絲綢研究的課題。他們在東華大學徐明稚校長和服裝。藝術設計學院李柯玲院長等領導的有力支持下，拓展視野，將研究生教學、科研與考古調查緊密地結合起來，以大氣魄組織師生進行了歷時二十多天的環新疆塔克拉瑪干沙漠的古絲織品出土遺址考察，歷盡艱辛而收穫頗豐。從二〇〇六年起，他們又立志主要從文物的角度出發，收集散落在世界各地的敦煌古絲織品實物。兩年多來，趙豐和他的課題小組成員足跡遍及英、俄、法、印及國內的敦煌、旅順等地，採集到豐富的第一手信息，進行了卓有成效的研究。這些，在趙豐為本書寫的「後記」中已有詳細的記述，既涉及該課題的實施過程，也談到他們的研究思路與具體方法，讀者應該可以從中獲得不少的啟示。我自己最突出的感受是：趙豐他們所做的研究，無疑地具有創新意義。這種創新，表現在兩個方面。第一，他們的課題

研究，不僅開拓了敦煌學研究的新領域，而且是在繼承發揚先驅學者
篳路藍縷精神的基礎上，又注入了加強實質性的國際學術交流合作的
新動力、新觀念，因此效率高，成果顯著。為了盡可能「竭澤而漁」
地掌握流散在國內外的敦煌絲織品材料，他們同倫敦大英博物館、維
多利亞阿爾伯特博物館、聖彼得堡艾爾米塔什博物館、巴黎吉美博物
館及旅順博物館的合作都是坦誠互利和卓有成效的；對留存在敦煌當
地的出土絲織品，也以真誠合作的態度克服困難取得了積極成果。第
二，高校或科研機構要革除浮躁因襲、急功近利之風和種種形式主義
的弊端，首要的是從如何培養人才、使用人才、評價人才這一根本上
著手。有充滿開拓精神、能身先士卒的好的學科帶頭人，有不畏艱
苦、齊心協力的團隊精神，加上有遠見卓識、甘為敢為強大後盾的領
導班子，共同營造和諧的創新環境，就不愁創新人才和創新成果的不
斷湧現。《敦煌絲綢與絲綢之路》這項成果又是自然科學和人文社會科
學交叉結合、相輔相成的一個典範例子，這也為當今被人嘲為「窄士」
的「博士」如何朝著實至名歸的方向努力做出了榜樣。

最後，我還要特別指出，趙豐教授真正是個在成績面前不自滿、
不止步，將腳踏實地與雷厲風行的精神結合起來的科學家，而且還頗
具詩情與文采。今年春節，他曾通過手機發給我一首抒發性情的七
古：

平生不覺奔波苦，天南地北等閒度。
歐亞由此珍名聲，沙俄不敢露輕侮。
敦煌卷，絲國路，何時可作歸來賦。
但願神州風雨和，好享人間日將暮。

我當時就步其韻回贈他一首和詩，匆忙間不及推敲，卻表達了我的敬佩之意：

曾經西陲樂與苦，沙海戈壁從容度。
東華西子增榮光，自強不息人不悔。
敦煌學，拓新路，而今喜誦絲綢賦。
為植學苑一奇葩，辛勤澆灌朝與暮。

今年中秋之夜，我又接到他發自中亞費爾干納大宛故地的短信，也是一首表白心志的好詩：

遙隨漢節過蔥嶺，一路關山伴月明。
時到中秋無所寄，只望圓月照帝京。

今年北京中秋之夜因天陰而月色迷濛，但我相信其時趙豐身處絲綢之路的西段，是聯想到了絲路東端的古都長安、洛陽的，那裡的圓月依然明亮，一定會在燦爛輝煌、譽滿世界的中國絲綢的映照下，發出如水似紗的柔光，投射到遠離祖國進行科學探索和文化交流的遊子身上，給他們帶去親友的深情與祝福，給他們溫暖和動力，為絲綢之路和敦煌學的研究做出更大的貢獻。

（2008 年 11 月 14 日）

十年一劍，功力畢現

—— 《敦煌經部文獻合集》讀後

　　經過敦煌學界「漫長」的翹首以盼，由浙江大學古籍研究所張涌泉、許建平等教授編撰校注的《敦煌經部文獻合集》終於出版了（中華書局 2008 年版）。此書十一大冊，洋洋六百餘萬言，體現了編著者十年磨一劍的堅忍不拔的毅力和深厚的古文獻學（尤其是中古語言文字學）功力。如此巨著，憑筆者淺薄的學養，實不敢贊一辭。只是因為身為敦煌學研究的一個參與者，對是書出版充滿了喜悅與敬佩之情，又因工作關係預先拜讀過其中「小學」部分書稿，有兩點感受，寫出來請方家指正。

　　前面所述的「漫長」，決不僅限於本書從啟動編撰到完成出版的這十年，而應該追溯至二十世紀三四〇年代。一九〇〇年六月，敦煌莫高窟藏經洞的五六萬卷（號）四至十一世紀古寫本驚現於世，隨即大部流散到英、法、俄、日等國，成為「世界學術之新潮流」——「敦煌學」的主要研究對象。中國一些學術前輩，如王重民、向達、姜亮夫等，抒劫後傷心之情，懷發憤求索之志，克服重重困難，遠赴英、

法等地抄錄、拍攝敦煌寫卷。他們的學養功底，尤其是整體把握敦煌文獻的眼光，當然決非歐洲學者所能比肩。王重民先生在巴黎時就曾經動手按中國傳統的四部書分類，來編寫敦煌寫卷目錄及內容提要。他當時已經按四部分類，做了幾千張卡片並帶回國內。可是，由於當時搜訪敦煌卷子條件的侷限，他無法見到藏在俄國、日本乃至中國國內散藏的寫卷，後又受到政治運動的衝擊和迫害，只能齎志而歿。一九八四年，我曾受王先生夫人劉修業先生的委託，將王先生的數千張卡片贈送給敦煌研究院。後來，在如何進一步整理敦煌文獻上，四部分類釋錄仍被視為畏途，而浙江大學古籍所知難而進，在高校古籍整理工作委員會的有力支持下，毅然立項分經、史、子、集四部整理敦煌文獻，花大氣力將前輩學者的理想付諸實踐。現在，在中華書局耐心等待了多年之後，經部合集終告完成，而且質量上乘，我們能不為之歡欣鼓舞麼？

下面再以合集中「小學」部分的特色來說明我的敬佩亦非虛語。中古語言文字研究（尤其是其中的俗文字學），是張涌泉教授的專業強項，加之他十年如一日認真、細緻、不憚繁難的艱苦努力，在所收敦煌寫卷的辨認、歸整分類、定名、拼接和文字的點校、比勘、注釋及經文出處查核等方面均堪稱一流，達到了超越前人的程度，在資料的引徵上也比較嚴謹，令人放心。我有如下三點突出的感覺：

第一，對敦煌小學類寫本及相關經籍材料和前人的整理研究成果不僅蒐集完備，掌握充分，而且進行了用心的考辨分析，顯示出辨偽、辨誤、辨不足的功力與時出新見的學術追求。這集中體現在每種文獻的「題解」和「校記」的文字形、音辨析中。一方面，在深入鑽研漢語俗字、俗詞語生成流變的紮實基礎上，對歷代傳世字書與敦煌寫卷的比勘上做到了理論與例證的緊密結合，具有實際運用的價值和

說服力，也具有一定的開拓性。另一方面，對佛經音義類寫本的字詞源流考辨下了極大的功夫，幾乎百分之九十以上的難字均能找到相應的佛經卷次和所出順序，並且摸索其讀音與唐五代西北地區方音的對應關係，確實難能可貴。需要說明的是，他在前期工作中完全依靠翻檢浩繁的《大藏經》的各種版本，後期雖能依靠電子文本的檢索，而電子版在文字上還是多有差訛，因此實際文字的比對仍然要依靠紙質文本的核查。這就保證了校勘的質量，而且為讀者進一步利用《大藏經》開拓了眼界。

第二，許多寫卷的校勘不僅運用了和傳世典籍的比對，也大量參校了同是敦煌藏經洞所出的其他類寫本（如詩歌、史傳、變文等），作為同一歷史文化背景下的例證，具有更強的說服力與啟示作用，也證明作者視野的寬闊和工作的繁難程度，既需要博覽群書的勤奮，更需要融會貫通的能力。如對《俗務要名林》中「接」字的考釋，所引用的典籍的解釋，和我原先所知大不相同，對舞蹈史家研究敦煌舞譜裡的「接」所代表的動作亦大有啟發。

第三，由於敦煌寫卷文字涉及大量的「俗寫」、「繁化」、「簡化」、「抄誤」、「俗訛」、「繁訛」和切音、直音、譯音字，而本書又是這方面的專書，按體例絕大多數字必須保持原貌方能說明問題，造字任務繁重，對目前電腦的詞庫系統提出了嚴峻的挑戰。據我大概估算，這部分書稿所造新字大約在一萬五千到二萬之間。讓人感到高興的是，經過作者與排版工作人員的艱苦努力，所造字百分之九十九以上和通常用字在字形字體上保持了一致。這是突出本書特色和校勘質量的重要保證。

我在閱讀這部分書稿校樣時曾提出過三點意見：其一，由於書稿是在若干年中陸續寫成，篇幅甚巨，因此在「題解」與「校樣」的撰

寫體例與語言風格上還做不到完全統一；其二，在引徵文獻書名、人名的縮略表示上，在某種情況是否再出校上，前後亦有不一致之處；其三，校記中有的文字表述得還不十分明白，容易造成誤解。這幾方面，我相信作者後來已經有所改進。

　　還需要說明的是，本書其他編撰者也體現了不俗的文史功底並各具特色，如許建平教授對敦煌經籍寫卷的嚴謹考釋，已得到國內外學者的一致好評，就不用我贅述了，至於「十年一劍」的精神對當今顯得浮躁與急功近利之學術界、出版界的啟示作用，就更無須我在這裡多講了。

（2008 年 11 月 10 日）

絲綢與飛天

　　絲綢生產及其工藝是「四大發明」之外，中國早期對世界文明的重要貢獻之一，在長期的中外文化交流及商貿活動中舉足輕重。同樣，佛教傳入中國後，佛教文化成為中國傳統文化重要的組成部分，其作為中外文化交流的重大成果，影響亦極為深遠。筆者受到沈從文先生巨著《中國古代服飾研究》的啟發，在近期所撰論文《説「天衣」》的基礎上，嘗試從物質文化基礎的角度，闡述絲綢服飾與佛教文化藝術創作的某種關聯。限於學養與筆力，本文僅以敦煌壁畫中飛天為主的藝術形象為例，簡述它們與絲綢服飾及其工藝的關係。

　　據古代文獻記載與考古發現的印證，中國是蠶桑養植與絲綢生產的故鄉。沈從文先生指出：「絲綢生產也發軔於新石器時代，是中國古代勞動者對於人類物質文明最有貢獻的發明之一，其功績也應當屬於原始社會母系氏族公社的婦女們。但在目前，探討起殷、周以前是蠶桑絲綢的創始年代，專家學者看法尚不很統一，一時難有確定結論。」[1]

---

[1]　沈從文：《中國古代服飾研究》，上海書店出版社 2002 年版，第 29 頁。

　　如果從沈書中提及的一些考古發現推測，從野蠶桑的馴化到家蠶絲的應用，起碼已經有了四千多年的漫長歷史。《周易》、《尚書》、《詩經》等傳世的先秦典籍中已經有先民植桑養蠶、制絲織錦的許多可靠記載，《儀禮》中更有用絲來製衣（純衣）及冕爵弁服的說明，當然也有「抱布貿絲」這樣用貨幣來交換生絲的描述。

　　中國絲綢最早傳到歐洲、非洲大陸的確切年代，目前尚無可靠的文獻記載或文物遺存的資料可以落實。我們在巴黎盧浮宮看到一尊西元前四十世紀埃及的「內菲里提」紅砂石女性雕像，盡管頭部及腿部、手臂已經殘缺，但其身著袒右肩的緊身衣袍薄透感極強，說明當時似已有桑蠶絲絹產品作為古埃及藝術家創作時的參照物。那麼這些源自中國的絲綢織物，通過某些途徑，或向希臘、羅馬傳輸，又再向中亞、南亞運送，均屬順理成章之事。至於中國絲綢何時傳入佛教的創始地古代天竺一帶，季羨林先生在上世紀五〇年代曾撰寫《中國蠶絲輸入印度問題的初步研究》一文，指出「在憍胝釐耶（Kautilīya）著的《治國安邦術》（*Arthasastra*）裡有這樣一句話：kauseyam cinapattasca cinabhumijah（憍奢耶和產生在脂那的成捆的絲）……假如這部書真是他著的話，那麼至遲在西元前四世紀中國絲必已輸入印度。」[2] 明言這裡帶有假設的成分。而印度本地，據唐三藏法師玄奘在《大唐西域記》中記述，似乎西元七世紀時還只有野蠶絲織物：

　　衣裳服玩，無所裁製，貴鮮白，輕雜彩。男則繞腰絡腋，橫巾右袒。女乃襜衣下垂，通肩總覆。頂為小髻，余髮垂下。或有剪髭，別為詭俗。首冠花鬘，身佩瓔珞。其所服者，謂憍奢耶衣及氎布等。憍奢耶者，野蠶絲也。[3]

2　見《季羨林全集》第十三卷，外語教學與研究出版社 2010 年版，第 116-119 頁。

3　見季羨林等：《大唐西域記校注》卷二，中華書局 2000 年版，第 176 頁。

季羨林認為「憍奢耶」就是梵文 kauseya 的音譯，亦即野蠶絲，並非中國之桑蠶絲。此外，玄奘又特地在該書卷十二詳細記載了瞿薩旦那王請「東國君女」祕密地將蠶種偷藏在帽絮裡帶進來的故事[4]。但瞿薩旦那國境域即今中國新疆和田地區，是否在這之前桑蠶絲已經傳入更南邊的印度地區，並無確鑿的文字記載。

現在，我們先將目光投向印度佛教藝術中早期的飛天形象，來探尋其中的絲綢蹤跡。

飛天從古印度神話裡的乾闥婆和緊那羅等神怪形象，被佛教演化為凌空飛翔以香花、音樂、舞蹈為諸天作樂和娛佛的伎樂天，是隨著犍陀羅地區的佛教藝術的產生而形成、發展的。因此，目前我們在巴爾胡特、桑奇大塔所能看到的包括有「飛天」在內的雕像，應該創作於西元前二世紀末至西元一世紀初期。這裡的「飛天」，數量甚少，體態拙朴，幾無動感，有的肩上長羽翼，喻示可以飛動。在著名的阿旃陀石窟的晚期（西元 5-6 世紀）洞窟，如第 1、2、17 等窟，飛天形象增多，動感亦有所增強，羽翼消失，有些已經可以藉助衣裙的擺動和飄帶的飛揚來展示有飛翔的能力，但總體感覺它們的服裝還是比較厚重，與中國桑蠶絲織物有很大差別。另據專家對古印度笈多時期的佛教藝術的研究，西元五至六世紀笈多佛像的鮮明特點是衣著「薄而透體，像濕過水一樣貼在身上。透過衣服完全顯露出體型，近似裸體」，認為此即畫史所稱「曹衣出水」的風格[5]。這個特點或許説明其時已經可以從一些佛像的衣飾裡找到中國桑蠶絲綢的因素，但起碼還沒有反映到它們的飛天形象之中。我不懂絲綢工藝史，不知道一千多年前的

4　參見《大唐西域記校注》，第 1021-1022 頁。

5　參見賈應逸、祁小山：《印度到中國新疆的佛教藝術》，甘肅教育出版社 2002 年版，第 65 頁。

野蠶絲織物和家蠶絲織品在質地上有多少區別，特別是它們的纖細、透明及柔軟程度會有多少不同；我了解到目前中國的野生柞蠶絲纖維較桑蠶絲至少要粗三到五倍，長度短，手感較粗糙，僅能紡中低支絹絲，且難以染色。在紡織技術不發達的時代和地區，使用野蠶絲和家蠶絲的織品在精細、柔軟度上的差別肯定更大。我曾在《説「天衣」》一文中提及，佛典裡所描述的「天衣」的基本特徵就是「柔軟」，不但可以隨微風而飄揚，也能作為佛、菩薩最舒適的坐墊。在古代，這恐怕只有工藝高超的家蠶絲織錦才能做到。據此，能達到「曹衣出水」藝術效果的衣服，其質地應該是家蠶絲的，這是否能説明至遲在西元五至六世紀的笈多時期，印度已有中國絲綢製品的流通，並作為創作佛像時的參照物呢？

中國上古社會，由於生產力的低下，在相當長的一個時期內，絲絹產量少，價格昂貴，絲綢服飾還只是供少數王公貴族享用的奢侈品。一方面，統治者在宮殿設置蠶房，由后妃帶頭養蠶以推動生產，同時又大量消耗絲綢；另一方面，一些帝王為了宣揚節儉，減輕百姓負擔，還下令限用絲織品。如戰國、秦漢之際，一些富人大賈「賣僮者，為之繡衣、絲履偏諸緣」，動輒「白縠之衣，薄紈之裡，以偏諸，美者黼繡，⋯⋯嘉會召客者以被牆」[6]。故《史記・平準書》載：「天下已平，高祖乃令賈人不得衣絲乘車，重租稅以困辱之。」[7]這種情形，在漢畫像磚、漢墓隨葬品裡有不少反映，因為與尚未傳入中國的佛教藝術無關，此不贅述。

兩漢時期，中原、江漢、巴蜀地區的織錦工藝（尤其在圖案、紋

6　見《漢書・賈誼傳》，中華書局點校本 1962 年版，第 2242 頁。

7　見《史記・平準書》，中華書局點校本 1959 年版，第 1418 頁。

樣上）有了很大進步，而且有大量產品傳到西北地區。經過漢末的低迷階段後，大約是在西元三世紀末，中國的西晉武帝時代，隨著三國鼎立的分裂動亂局面的結束，社會生產力有了飛速的發展，蠶桑生產也有大幅度的提高，之前各朝統治者儉用絲織品的限制放寬。我們在《晉書‧食貨志》中看到這樣的記載：

世祖武皇帝太康元年，既平孫皓，納百萬而罄三吳之資，接千年而總西蜀之用，韜干戈於府庫，破舟船於江壑，河濱海岸，三丘八藪，耒耜之所不至者，人皆受焉。農祥晨正，平秩東作，荷鍤贏糧，有同云布。若夫因天而資五緯，因地而興五材，世屬升平，物流倉府，宮闈增飾，服玩相輝。……永寧之初，洛中尚有錦帛四百萬，珠寶金銀百餘斛。（中華書局點校本 1973 年版，第 783 頁。）

於是，從太康二年（281）起，朝廷開始給高品級的官員賜予「春服絹」和「秋服絹」。如公侯一級賜春絹百匹、秋絹二百匹，特進級賜春絹五十匹、秋絹一百五十匹，光祿大夫及太子太傅級賜春絹五十匹、秋絹百匹，一直到三品將軍均有絲絹賜給[8]。這就大大刺激了絹絲的消費和絲綢服裝的生產。與此同時，由於政治高壓等原因，大批文人士子服藥石成風，需要寬大、柔軟的衣袍與之相適應，褒衣博帶服飾於是盛行不衰，大量絲絹織物有了新的用武之地。如《晉書‧五行志》所云：「晉末皆冠小而衣裳博大，風流相放，輿臺成俗。」（見上引書，第 826 頁）同時，婦女服裝則推行「上儉下豐」，即如沈從文先生所述「衣著顯明特徵為上小而下大，有交領上襦，而裙、裳合一，

8　參見《晉書‧職官志》，中華書局點校本 1973 年版，第 742 頁。

裙外露部分已上及腰部」（見前引沈著，第 219 頁）。我認為，這種服飾時尚的流行與延續，也影響了魏晉南北朝時期的佛教藝術。我們在敦煌、龍門等石窟裡看到的一些飛天形象，正是藉助於那時現實社會中的絲綢服飾，在飛翔的動感、姿態、速度上有了明顯的改變；這種變化，也回流到西域乃至南亞地區，影響到龜茲乃至笈多的藝術風格。

佛教藝術中的飛天從古天竺起飛，經過巴基斯坦、阿富汗到達中國的新疆于闐、樓蘭、龜茲、高昌地區，再抵達絲綢之路的咽喉敦煌，又受內地晉風染習，逐漸地從帶翼的童子飛天與體態拙樸的乾闥婆、阿布沙羅並舉的形態，替代為西域風格鮮明的動態感較強的伎樂天；從或古希臘的裸體、或犍陀羅式的衣飾厚重，轉變為上身看似赤裸而下身裙衣飄帶飛揚的胡漢合一式飛天。其最顯著的特點就是體態與服飾的協調變化。

十六國時期的敦煌飛天，可以莫高窟第 275、272 窟為代表。第 275 窟北壁佛本生故事畫與南壁佛傳故事畫長卷中，均繪有飛天。據趙聲良研究員說：「這些飛天都是上身半裸，頭戴花蔓冠，或雙手合十，或作散花之狀，身體均呈 V 形，四肢動作較僵硬，……看來畫家對於飛天的動勢表現得不夠好，看不出飛騰的動感，倒像是快要從牆上跌落下來的樣子。」而第 272 窟的佛像背光中的十身小飛天則「手舞足蹈，姿態優美，有一種向上飛昇的動勢」，該窟藻井內外的飛天「雖然四肢同樣很僵硬，但已不像第二七五窟那樣完全呈直角形，身體稍微有些柔和地彎曲，動作的姿態較豐富」[9]。我看第 275 窟南、北壁上的飛天服飾，最顯著的特徵是上身半裸而下身著長褲，挽繞手臂與背部的飄帶並不很長，且飄動感不強。所謂半裸，只是一種模糊的觀感，

9　見古麗比婭、趙聲良：《飛天史話》，臺北如聞出版社 1998 年版，第 57 頁。

目前因壁畫變色看不清是否有透明的紗質上衣裹身。總體的感覺還是衣著與姿態的協調性較差，尚未從早期的笨拙僵直中解脫出來。第272窟也屬於同一類型，説明敦煌早期洞窟主要還是受印度、西域的影響。

北魏時期的飛天，有了較大的變化。我們在雲岡石窟早期洞窟裡看到了為數眾多、形態各異、大小不一的石雕飛天。現實社會崇尚與流行的秀骨清像、褒衣博帶，給藝術家們以新的啟示，得以擺脱印度飛天以靜為主和犍陀羅厚重風格的影響，克服體態與服飾材質兩方面的侷限，使得這些飛天能夠自在飛翔起來，「逐漸找到了使飛天騰飛的祕密，那就是要給它一個輕盈苗條的身體，要有自然飄動的飄帶或衣裙，於是飛天們也紛紛穿上了時裝，飄帶加長，短裙又換成了長裙」（上引《飛天史話》第66-67頁）。這裡的「時裝」，我認為就是已經風靡一時的桑蠶絲綢服裝。這一現象，在中原的洛陽龍門石窟中反映得更加明顯，可以説，該窟北魏時代的幾個代表性洞窟裡的飛天（如古陽洞孫秋生造像龕龕楣飛天、主尊背光的十二身飛天和造像記碑側的飛天）均是借服飾之勢而飛動翔舞的[10]。當然，這一點在敦煌北魏、西魏的壁畫中表現得更為充分。例如莫高窟第254窟（北魏）南壁的《薩埵太子本生》中的一身飛天，其藍色長裙透明感強，手挽的白、褐兩色飄帶已超過身長數倍，身體藉助裙帶飛動，自由舒展。又如第263窟西壁上部龕內一身飛天，藍色長裙繫於臍下，上身看似赤裸，其實從頸下露出的波紋花邊，可以推測是穿了透明的緊身紗衣。長長飄帶的動勢也和身體及長裙完全協調一致。又如第249窟（西魏）北壁有兩身著裝風格迥異的飛天：上面一身身體右傾作側向向左飛行，上身著開襟寬口長袖衣，對襟明顯有絲綢為緣，裡面還繫有領帶或內衣；下身

10　參見《龍門二十品》，中國大百科全書出版社1997年版，圖版第20、21、23。

為裙褲；飄帶長於身數倍。下面一身作正面向下俯衝狀，上身似赤裸，下身著透明紗裙，飄帶亦倍長於身，且向上形成八字綢花。至於第285窟（西魏）西壁正龕南側的五身諸天形象，其服飾式樣、色彩、圖案的描繪已經相當豐富，預示著隋唐飛天絲綢服飾新局面即將到來。

自隋至唐是中國絲綢服飾生產的繁盛期，也是外來絲綢與中原絲綢交匯的高潮期。隋煬帝在經略西域、鞏固與發展絲綢之路、推進中外文化交流上是有大貢獻的，其中一個不可忽視的內容就是在開皇初年置《七部樂》的基礎上，發展了融匯吸收、異彩紛呈的多民族樂舞。而樂伎服飾的講究，對於絲綢服飾工藝的發展也起到了促進作用。如《隋書‧音樂志》所載：

　　大業二年，突厥染干來朝，煬帝欲誇之，總追四方散樂，大集東都。……伎人皆衣錦繡繒彩。其歌舞者，多為婦人服，鳴環珮，飾以花髦者，殆三萬人。初課京兆、河南制此衣月服，而兩京繒錦，為之中虛。……崇侈器玩，盛飾衣服，皆用珠翠金銀，錦罽絺繡。其營費鉅億萬。（中華書局點校本1973年版，第381頁。）

盛唐時期，絲綢生產達至極盛。彩錦、特種宮錦、刺繡、泥金銀繪、印染及堆綾貼絹等工藝得到廣泛應用，成為宮廷貴族與士族文人不可或缺的生活必需品，成為各類樂舞最耀眼的道具，成為絲綢之路上最大宗、最受歡迎的商品；同時，「菩薩如宮娃」成為佛教藝術中天人形象最鮮明的特點。此外，中原及川蜀地區為少數民族特製的「番錦錦袍」及波斯商人通過絲綢之路帶來的各式「胡錦」均不絕於朝野市井，根據不同民族習俗喜好設計的服飾也不斷創新求異，成為那個時代的「時世裝」。這些情況，對佛寺龕窟中飛天形象的塑造與描畫有

極大的影響。五彩繽紛、花樣翻新的絲綢服飾，加上藝術家的合理想像，使得隋唐飛天形象更為豐腴多姿、輝煌燦爛。隋唐時期的飛天服飾，既是當時現實生活中宮廷樂舞與民間伎樂服飾的生動反映，也帶有各民族藝術家的理想化色彩，為中國絲綢工藝美術設計增添了活力。我們在敦煌莫高窟隋唐時期的壁畫中，看到了成群結隊、千姿百態的飛天伎樂，它們服飾華麗，色彩鮮豔，樣式豐富，圖案繁複，令人目不暇接。尤其是其中占據了主導地位的絲綢工藝與圖案，可以拓展我們豐富的想像空間，提供做進一步研究的眾多課題。深入做這方面的研究，非我能力與學養所能及，而東華大學服裝學院的專家學者們已經做了許多開拓性的工作，期盼他們能獲得更為豐碩的成果。

（2010 年 7 月）

地域文化研究叢書・敦煌文化研究叢刊　A0204007

絲綢之路與敦煌學　上冊

作　　　者　柴劍虹

版權策畫　李煥芹

責任編輯　曾湘綾

發 行 人　林慶彰

總 經 理　梁錦興

總 編 輯　張晏瑞

編 輯 所　萬卷樓圖書股份有限公司

排　　版　菩薩蠻數位文化有限公司

印　　刷　百通科技有限公司

封面設計　菩薩蠻數位文化有限公司

出　　版　昌明文化有限公司

桃園市龜山區中原街 32 號

電話 (02)23216565

發　　行　萬卷樓圖書股份有限公司

臺北市羅斯福路二段 41 號 6 樓之 3

電話 (02)23216565

傳真 (02)23218698

電郵 SERVICE@WANJUAN.COM.TW

大陸經銷

廈門外圖臺灣書店有限公司

　　電郵 JKB188@188.COM

ISBN 978-986-496-501-4

2019 年 3 月初版

2020 年 5 月初版二刷

定價：新臺幣 360 元

如何購買本書：

1. 轉帳購書，請透過以下帳戶

　合作金庫銀行 古亭分行

　戶名：萬卷樓圖書股份有限公司

　帳號：0877717092596

2. 網路購書，請透過萬卷樓網站

　網址 WWW.WANJUAN.COM.TW

大量購書，請直接聯繫我們，將有專人為您

服務。客服：(02)23216565 分機 610

如有缺頁、破損或裝訂錯誤，請寄回更換

國家圖書館出版品預行編目資料

絲綢之路與敦煌學 上冊 / 柴劍虹著.-- 初版.
-- 桃園市 ： 昌明文化出版 ；臺北市 ：萬卷
樓發行, 2019.03

　冊 ；　公分

ISBN 978-986-496-501-4(上冊 ： 平裝). --

1.敦煌學 2.絲路

797.9　　　　　　　　　　　108003227

本著作物經廈門墨客知識產權代理有限公司代理，由浙江大學出版社授權萬卷樓圖書股
份有限公司出版、發行中文繁體字版版權。

本書為金門大學產合作成果。　　　　　　　校對：武玉珊／華語文學系四年級